12|12|2023

Simon Hofer

W0073878

Die 95/5-Formel

Simon Hofer

Die 95/5-Formel

Warum viele wenig und wenige alles haben

REDLINE | VERLAG

Bibliografische Information der Deutschen Nationalbibliothek:
Die Deutsche Nationalbibliothek verzeichnet diese Publikation in der Deutschen National-
bibliografie; detaillierte bibliografische Daten sind im Internet über **http://d-nb.de** abrufbar.

Für Fragen und Anregungen:
info@redline-verlag.de

1. Auflage 2020

© 2019 by Redline Verlag, ein Imprint der Münchner Verlagsgruppe GmbH,
Nymphenburger Straße 86
D-80636 München
Tel.: 089 651285-0
Fax: 089 652096

Alle Rechte, insbesondere das Recht der Vervielfältigung und Verbreitung sowie der Überset-
zung, vorbehalten. Kein Teil des Werkes darf in irgendeiner Form (durch Fotokopie, Mikrofilm
oder ein anderes Verfahren) ohne schriftliche Genehmigung des Verlages reproduziert oder
unter Verwendung elektronischer Systeme gespeichert, verarbeitet, vervielfältigt oder verbreitet
werden.

Redaktion: Christina Otto, München
Umschlaggestaltung: Marc Fischer, München
Satz: Helmut Schaffer, Hofheim a. Ta.
Druck: GGP Media GmbH, Pößneck
Printed in Germany

ISBN Print 978-3-86881-805-5
ISBN E-Book (PDF) 978-3-96267-241-6
ISBN E-Book (EPUB, Mobi) 978-3-96267-242-3

Weitere Informationen zum Verlag finden Sie unter

www.redline-verlag.de

Beachten Sie auch unsere weiteren Imprints unter
www.m-vg.de

Für meine Frau Aleksandra,
die aus meiner Existenz erst ein Leben gemacht hat
und die meine große Sonne im Leben ist.

Für meine Mutter Lucie, die mich das Kämpfen
und das Sternchenanzünden gelehrt hat.

Für meine Nichte Nadia, die nach langer Zeit
das erste neue Leben und das Lachen
in unsere Familie zurückgebracht hat.

Inhalt

Einleitung

In der westlichen Kultur haben 95 Prozent der Menschen am Ende des Monats Probleme damit, ihre Rechnungen zu begleichen. Sie können kein Geld zur Seite legen oder gar anlegen. Sie verbringen den Urlaub – wenn sie überhaupt in den Urlaub fahren können – da, wo es das billigste Angebot gibt, und das »neue Auto« ist bestenfalls ein alter Gebrauchtwagen vom Fähnchenhändler. Sie plagen sich immer wieder mit denselben Ängsten und Sorgen. Sie gehen auch nicht gerne an den Briefkasten, denn dort lauern meistens Rechnungen und Mahnungen. Nach einer 40-jährigen Arbeitskarriere haben 95 Prozent der Menschen nicht genug, um davon einigermaßen anständig leben zu können und fürchten sich nun vor dem Ruhestand und auch davor, endgültig abzustürzen, nicht nur finanziell, sondern auch gesellschaftlich, denn arm sein ist nicht sexy.

Ganz besonders aber zeichnet diese Menschen aus, dass sie in ihrem Leben schlicht unglücklich sind.

5 Prozent der Menschen bezahlen nicht nur ihre Rechnungen pünktlich, sofern sie denn wollen, sie legen Geld beiseite, verdienen mit Kapitalanlagen und profitieren von Steuersparmöglichkeiten. Sie besitzen Immobilien, kaufen sich regelmäßig neue Fahrzeuge und bereisen die Traumziele dieser Welt. Die meisten von ihnen machen ihre Arbeit gerne, sie sind gut in dem, was sie tun, und glücklich. Es scheint, als würde ihnen alles ganz leichtfallen. Einige lassen sich frühzeitig pensionieren und widmen sich danach noch intensiver ihren Hobbys und Interessen.

Was unterscheidet diese Menschen von den anderen 95 Prozent? Hatten sie einfach nur Glück? Haben sie eine teure Ausbildung

genossen? Verfügen diese Menschen über einen überdurchschnittlich hohen IQ? Oder waren sie einfach nur zum richtigen Zeitpunkt am richtigen Ort? Sind am Ende gar die Gene, die ihnen vererbt wurden, für ihr Glück verantwortlich?

Beschäftigt man sich mit erfolgreichen Menschen, findet man schnell heraus: Glück, Ausbildung, Herkunft und Intelligenz spielten für den Erfolg eine untergeordnete Rolle! Erfolgreiche Menschen unterscheiden sich von den erfolglosen nur in einem Punkt ganz maßgeblich und auf diesen Punkt und die damit verbundenen Fakten gehen wir in diesem Buch detailliert ein.

Ich möchte Sie auf eine Reise zu sich selbst entführen. Zu diesem Zweck zeige ich auf, wie alle unserer Handlungen, alles, was wir als Menschen tun und denken, auf wunderbare Weise miteinander verbunden ist. Dabei greife ich immer wieder auf neuste Erkenntnisse aus der Hirnforschung zurück und erkläre die faszinierenden Fakten aus diesem Bereich auf einfache Weise. Auch die Genforschung wird in diesem Buch eine Rolle spielen, denn die Forschung hat inzwischen klar bewiesen, dass die Gene nicht uns, sondern wir die Gene kontrollieren. Epigenetik nennt sich diese neue und spannende Wissenschaft. Diese weitgehend unbekannten Forschungsergebnisse werden unsere Denk- und Handlungsweise in den nächsten Jahren grundlegend verändern.

Sie erfahren auch, wie Sie aus der Gruppe der 95 Prozent austreten und in den Kreis der 5-Prozent-Gruppe eintreten können. In diesem Buch erfahren Sie außerdem, warum es so enorm wichtig ist, die 95/5-Formel nicht nur zu kennen, sondern zu verstehen, denn sie begegnet uns in allen wichtigen Bereichen unseres Lebens immer wieder, und nur wer sie kennt und versteht, kann sich im Leben optimal positionieren und sein Glück finden.

Als Beispiele führe ich immer wieder Erlebnisse und Geschichten auf, die mir selber oder Menschen, die ich persönlich kenne, widerfahren sind. Nichts in diesem Buch ist fiktiv, und was die Aussagen im Bereich der Hirn- und Genforschung anbelangt, so musste ich akzeptieren, dass es selbst unter den besten Wissenschaftlern unterschiedliche Meinungen gibt. Das hat mich aber nicht abgehalten, offen zu bleiben und neue Dinge auszuprobieren. Manches hat für mich nicht funktioniert, anderes hat überraschend gut funktioniert, in einem Maß, wie ich es mir nicht mal erträumt hätte, obwohl ich plötzlich lesen musste, dass ein Wissenschaftler der Meinung war, dass aus seiner Sicht genau diese Methode gar nicht funktionieren könne. Das bringt die ganze Geschichte auf den Punkt. Niemand weiß, was für Sie genau funktioniert. Oft wissen nicht mal wir selbst, was für uns funktioniert, da wir es nicht versucht haben.

Deshalb wünsche ich mir von Ihnen: Seien Sie offen für neue Dinge und geben Sie ihnen eine faire Chance, Ihr Leben zu bereichern.

Wie Sie dieses Buch nutzen sollten

Dieses Buch ist kein Buch, das von einem Mediziner oder Wissenschaftler geschrieben wurde und das in erster Linie nur Wissen vermitteln will. Dieses Buch wurde von einem Pragmatiker geschrieben, der nach der Trial-and-Error-Methode die Welt erkundet und seine Erkenntnisse entsprechend niedergeschrieben hat, um Menschen im echten Leben zu helfen. Die hier aufgeführten Methoden der 95/5-Formel können von jedem Menschen jeden Alters umgesetzt werden, denn genau darum geht es in diesem Buch: um das Umsetzen. Zitate, Sprüche und Aufforderungen etwas zu tun, gibt es schon zur Genüge. Ein weiteres Buch dieser Art wollte ich nicht schreiben. Mir ging es konkret darum, Menschen zur Umsetzung zu bringen, denn genau daran scheitern wir in aller Regel. Natürlich ist Wissen eine wichtige Zutat, aber was nützt Ihnen das Wissen allein? Nichts. Ich empfehle Ihnen, dass Sie sich

zum Lesen des Buches mit einem Textmarker und einem Notizbuch mit Stift bewaffnen.

Mit dem Marker markieren Sie die Stellen, die Ihnen wichtig erscheinen, oder Aussagen, die Ihnen zusagen. So können Sie das Buch ein zweites Mal innerhalb von 30 Minuten lesen und Ihr Gehirn wird sich rund 30 bis 40 Prozent mehr vom Inhalt gemerkt haben, als wenn Sie es einfach nur durchgelesen hätten.

Das Notizbuch möchte ich Ihnen nicht nur für die Lektüre dieses Buchs ans Herz legen, sondern auch für Ihr sonstiges Leben. Während Sie das Buch lesen, werden Sie sich über viele Dinge automatisch Gedanken machen. Sie werden dann manchmal spontane Einfälle haben oder eine Frage, der Sie nachgehen wollen. Da aber für unser Gehirn der Augenblick immer nur maximal drei Sekunden dauert und danach ein neuer Augenblick beginnt, passiert es oft, dass Dinge, die noch vor wenigen Sekunden in Ihrem Kopf waren, weg sind. Das ist sehr schade, denn oft handelt es sich bei diesen Einfällen oder Fragen um wichtige Botschaften, die aus Ihrem Unterbewusstsein kommen, in dem unendlich viele Informationen gespeichert sind, wie wir im weiteren Verlauf des Buches noch erfahren werden. Halten wir diese Ideen, Eingebungen und Fragen kurz schriftlich fest, so können wir uns zu einem späteren Zeitpunkt ganz bewusst wieder damit beschäftigen. Ich habe in den letzten Jahren rund ein Duzend solcher Notizbücher vollgeschrieben. Sie können das natürlich auch mit Ihrem Smartphone machen oder auf dem Tablet. Das Spannende daran ist: Wenn Sie Tage, Wochen oder Monate später durch diese Notizen gehen, werden Sie auf Dinge stoßen, die Sie verblüffen werden. »Was für eine großartige Idee!«, denken Sie sich beim Lesen des Vermerks und Sie können sich nicht einmal wirklich daran erinnern, dass Sie diese Idee hatten. Sie werden auch feststellen, dass gewisse Fragen oder Eingebungen immer wiederkommen und mithilfe Ihrer Notizen können Sie diesen Dingen nun die entsprechende Bedeutung beimessen.

Für mich sind diese Notizbücher auch immer eine Art innerer Kompass. Ich kann sehen, was mich unbewusst beschäftigt, und kann darauf eingehen. Des Weiteren zeigen mir die Notizen auch auf, wie ich mich in den letzten Jahren entwickelt habe. Verwechseln Sie die Notizbücher aber nicht mit einem Tagebuch, das Sie natürlich auch führen können, wenn Sie wollen. Das Notizbuch soll für die Dinge in unserem Kopf sein, die immer wieder kurz aufpoppen und dann wieder verschwinden. Notieren wir uns diese, können wir schnell erkennen, welche davon für uns eine Bedeutung haben.

Wie ich schon erwähnt habe, ist dieses Buch auch eine Art Anleitung zum Handeln. Ich habe die positive Erfahrung gemacht, dass Dinge, die ich in meinem Leben ändern und umsetzen möchte, sehr viel wahrscheinlicher von mir erledigt werden, wenn ich sie in mein Notizbuch geschrieben habe. Auf diese Weise sind sie eine Aufforderung an mich selbst, die ich immer wieder nachlesen kann.

Jetzt wünsche ich Ihnen viel Spaß beim Lesen dieses Buchs und beim Umsetzen neuer Ideen. Und vergessen Sie den Textmarker und das Notizbuch nicht.

Kapitel 1

Warum 95 Prozent der Menschen nicht denken und 5 Prozent erfolgreich sind

Es gibt nicht viele Trends, die sich weltweit sehr ähnlich sind und seit vielen Jahren gleichmäßig verlaufen. Das Ungleichgewicht zwischen Arm und Reich gehört zu diesen wenigen global auftretenden Trends. So wissen wir aus neueren Studien, dass in Europa rund 5 Prozent der Menschen keine Geldsorgen haben. Sie besitzen Immobilien und andere Kapitalanlagen, ihr Einkommen und ihr Vermögen steigen stetig an. Diese Menschen bereisen die Welt, kaufen sich Premium- und Luxusartikel und sind in der Regel glücklich und zufrieden. Innerhalb dieser 5 Prozent gibt es noch eine Gruppe von ca. 0,3 Prozent, die mehr als 50 Millionen Euro besitzt[1]. Dies ist die Gruppe der Superreichen, deren Vermögen bis in die Milliarden reicht[2].

Doch was ist mit dem großen Rest, den anderen 95 Prozent? Was bleibt für die?

Die Gedanken dieser Menschen kreisen meist um offene Rechnungen, um Probleme in der Ehe, der Familie, der Partnerschaft und den Job, oder gar um die Jobsuche.

Sie haben diese Sorgen, obwohl die allermeisten dieser Menschen hart arbeiten, manche haben sogar zwei Jobs, aber es reicht einfach nicht, um im Leben weiterzukommen. Wenn sich das Hamsterrad einmal dreht, ist der Ausstieg sehr schwer. Außerdem kommt hinzu, dass sich diese Menschen permanent mit jenen vergleichen, die mehr haben als sie, und das macht sie noch frustrierter und trauriger.

Es ist ein Trend, den wir aktuell weltweit betrachten. Ich nenne ihn die 95/5-Formel. Interessanterweise finden wir diesen Trend oder diese Formel nicht nur in wirtschaftlich stabilen Ländern in Europa, sondern auch in Ländern, die sich in den letzten Jahrzehnten wirtschaftlich erst entwickelt haben. Je größer der wirtschaftliche Fortschritt in solchen Ländern ist, umso mehr kristallisiert sich die 95/5-Formel heraus.

Man könnte daraus den Schluss ziehen, wir hätten es hier mit einem neuen Trend zu tun, der in den letzten 30 bis 50 Jahren entstanden ist, doch der Eindruck trügt.

Meine Recherchen zeigten, dass der Journalist und Schriftsteller Napoleon Hill (1883–1970) bereits in seinem 1928 erschienenen Werk *The Law of Success*, aus dem später der weltberühmte Titel *Think and Grow Rich* (*Denke nach und werde reich*) hervorging, von einer Relation zwischen Arm und Reich, von 98 Prozent zu 2 Prozent sprach[3]. Seine Gedanken dazu spiegelten einerseits die Meinungen seines Mentors wider, dem damaligen Giganten der Stahlindustrie Andrew Carnegie (1835–1918), der zu seiner Zeit wohl einer der reichsten Männer der Welt war. Andererseits entsprachen seine Äußerungen aber auch den Weltanschauungen von Persönlichkeiten wie Henry Ford oder Thomas Edison. Diese Aufteilung ist also nicht neu, im Gegenteil: Auch wenn man noch weiter in die Vergangenheit zurückgeht, stößt man immer und immer wieder auf diesen Trend der einseitigen Aufteilung des Vermögens zwischen armen und reichen Menschen.

Bereits in der Bronzezeit, also vor rund 4000 Jahren, in der frühen Ackerbaukulturzeit Europas, bildeten sich zwei Lager von Menschen, bei denen die einen sehr viel und die anderen sehr wenig hatten. Man geht davon aus, dass zu Beginn der Bronzezeit noch rund 10 bis 15 Prozent der Menschen die Ressourcen kontrollierten und somit zu den Privilegierten oder Vermögenden gehörten. In den nächsten 2000 Jahren, als der Ackerbau immer mehr an Bedeutung verlor und es einträglicher war, Handelsrouten zu besetzen und dafür Abgaben zu verlangen, kristallisierte sich zusehends die 95/5-Formel heraus[4]. Selbst mit der Entwicklung zum modernen Menschen haben sich unsere Verhaltensweisen kaum geändert. Heute im 21. Jahrhundert finden wir die gleichen Strukturen der Aufteilung zwischen Arm und Reich wie vor Tausenden von Jahren.

Das hat dazu geführt, dass viele Menschen angefangen haben, dieses Ungleichgewicht über Generationen hinweg einfach zu akzeptieren, getreu dem Motto: Das war schon immer so und das wird immer so bleiben. Doch, wie so oft, lohnt es sich einen Schritt zurückzutreten und einen zweiten Blick auf die Dinge zu werfen, in diesem Fall auf die Aufteilung der Vermögen zwischen Armen und Reichen.

Dabei fällt auf, dass sich die Gruppe der reichen 5 Prozent in ihrer Zusammensetzung immer wieder stark verändert. Nur etwa 1 Prozent der vermögenden Familien schaffen es, auch über mehrere Generationen oder Jahrhunderte in diesem Kreis zu bleiben. Es handelt sich dabei meist um die Superreichen. Doch selbst innerhalb dieser Gruppe kann es passieren, dass die eine oder andere Familiendynastie trotz einst unermesslichen Reichtums über Generationen hinweg verarmt. Diese Gefahr besteht insbesondere dann, wenn das Ego eines Tages die Größe des Vermögens übertrumpft.

Es gibt also viel Bewegung im 5-Prozent-Kreis der Reichen. Besonders, wenn »neue Zeiten« angebrochen waren, gab es häufig große Umwälzungen in der Zusammensetzung dieser Gruppe. Als der Ackerbau damals an Bedeutung verlor, haben viele Reiche den

Sprung nicht geschafft. Mit dem Aufkommen des Industriezeitalters tauchten dann viele neue Gesichter in dem 5-Prozent-Kreis auf, auch unter den Superreichen. Das Gleiche passierte nochmals mit dem Aufkommen des Informationszeitalters in den 80er-Jahren des letzten Jahrhunderts. Dabei sind wiederum neue Spieler in diesen Kreis eingetreten und andere haben ihn verlassen. Dies alles zeigt also, dass es immer wieder Platz gibt im Kreis der Reichen, und zwar für alle, welche die Spielregeln verstanden haben.

Wir leben heute in einer Welt, in der alle Informationen verfügbar sind! Selbst geheime Staatsinformationen finden in einem vorher nie dagewesenen Ausmaß den Weg an die Öffentlichkeit. Edward Snowden oder Wikileaks sind nur zwei prominenten Beispiele von vielen. Aber auch andere enorm wertvolle Informationen sind vorhanden. Das digitale Zeitalter hat uns unter anderem das Internet beschert. Es gibt wohl keine relevante Information, die wir dort nicht finden können. Das Problem ist eher, die relevanten unter all den irrelevanten zu finden. Seit der Begriff »Fake News« einmal um die Erde gewandert ist, wissen alle, wie schwer das sein kann.

Eines der immer wieder verwendeten Argumente aus der Gruppe der 95 Prozent, laut dem die Reichen Zugang zu Informationen hätten, die Arme nicht haben, zählt somit nicht mehr. Man kann argumentieren, die Reichen hätten immer noch einen Vorsprung, da sie wüssten, welche Informationen relevant sind und wo und wie man diese finden kann, aber letzten Endes haben wir diesbezüglich heute Chancengleichheit.

Weiter wird argumentiert, die Reichen hätten eben mehr Glück, bessere Ausbildungen genossen oder seien von der Natur mit einem hohen IQ gesegnet oder, ganz schlicht, bereits reich geboren worden. Die Liste der populären Gründe, warum manche alles haben und andere nichts, ist lang und seit vielen Jahren dieselbe. Ich habe diese Gründe auch für mich selbst als Argumentation und als Rechtfertigung vor anderen verwendet. Es hatte viele Jahre gedauert, bis ich schlussendlich entdeckte, dass es nur einen einzigen relevanten Unterschied zwischen Arm und Reich, Glück und Unglück gibt.

Beschäftigt man sich mit den Reichen, so stellt man schnell fest, dass nicht das Glück, nicht die teure Ausbildung oder ein überdurchschnittlich hoher IQ den Unterschied ausmachen. Bei einigen Reichen und erfolgreichen Menschen, die ich kennengelernt habe, ist der IQ sogar eher im unteren Bereich angesiedelt. Sie kennen vielleicht auch den einen oder anderen, bei dem Sie sich schon mal kopfschüttelnd gefragt haben: Wie zum Teufel hat der es so weit gebracht?

Ich habe viele Jahre damit verbracht, dem Geheimnis auf die Spur zu kommen, warum so wenige alles und so viele nichts haben. Warum fällt den Erfolgreichen alles so scheinbar leicht? Welche Geheimnisse kennen die, die ich nicht kenne? Ich habe viele Wege ausprobiert, bin oft falsch abgebogen und erst nach einem langen schweren Umweg wieder auf den richtigen Weg zurückgekommen. Doch ich habe nicht aufgegeben und weitergesucht, bis das Offensichtliche vor mir lag und ich mir verwundert die Augen gerieben habe und mich fragte: Kann es denn so einfach sein?

Wenn Sie jetzt denken, nie aufzugeben sei das Geheimnis, lassen Sie mich dazu zwei Dinge sagen. Manchmal muss man aufgeben, schlicht und einfach, um einem anderen Weg folgen zu können, wenn man auf dem falschen ist. Und was das Geheimnis betrifft: Es gibt kein Geheimnis für Glück, Erfolg, Reichtum und Erfüllung. Es ist eher ein Schlüssel, ein Schlüssel, den wir alle besitzen und trotzdem nicht auf dem Radar haben. Wir benutzen ihn jeden Tag tausendfach und haben trotzdem keine Ahnung, wie er funktioniert. Oder können Sie erklären, wie unser Denken abläuft?

Ja genau, in der Art zu denken liegt der große Unterschied, der die Armen und Reichen trennt, der dafür sorgt, dass die einen so viel und die anderen so wenig haben. Wir haben jeden Tag etwa 60 000 Gedanken und sind uns dessen gar nicht bewusst. Schon ein einziger Gedanke kann unser Leben in eine völlig andere Richtung lenken. Das werde ich Ihnen anhand von persönlichen Erlebnissen aufzeigen. Der Tag, an dem ich anfing, über das Denken nachzudenken, hat mein Leben von Grund auf verändert. Ich habe eine neue Welt kennengelernt, eine, in der alles möglich ist und Träume plötzlich zu realistischen und greifbaren Zielen werden und somit auch Glück, Erfolg und Erfüllung plötzlich möglich erscheinen. Eine Welt, in der man plötzlich jeden Tag 60 000 potenzielle Möglichkeiten hat, alles zu tun und zu erreichen, was man möchte. Das war ein faszinierender Augenblick. Aber dazu kommen wir noch. Lassen Sie mich Ihnen zuerst erzählen, wo ich gestartet bin.

Murphys Geheimnis

Vor Jahren lebten ich und meine 45 Kilo Übergewicht (bei 177 cm Körpergröße) in einer kleinen Ein-Zimmer-Dachgeschosswohnung. Im Sommer war die Hitze unerträglich, es gab keine Terrasse, wenige Fenster und viel Dachfläche, die von der Sonne aufgeheizt wurde. Ich arbeitete viel und verdiente wenig und der Frust war entsprechend groß. Ich hatte keine Beziehung und war so ziemlich mit allen Aspekten meines Lebens unzufrieden. Ich fühlte mich allein, manchmal sogar richtig einsam und hatte trotzdem keine Lust, unter Leute zu gehen. Ich war zwar an einem wachsenden Start-up beteiligt, das immer größere Umsätze verzeichnete, aber auch immer größere Kosten verursachte. Somit blieb am Ende außer Stress und Ärger nicht wirklich viel übrig.

Mit dem Glück in meinem Leben war es auch nicht weit her. Als ich 30 Jahre alt war, waren außer meiner Schwester und einem Onkel, mit dem ich kaum Kontakt hatte, alle direkten Familienmitglieder bereits verstorben. Besonders der Verlust meiner Mutter hatte mir zugesetzt, sie war mein Anker gewesen, sie war der Mittelpunkt einer fast nicht mehr existenten Familie, hatte aber diese Gabe, wie eben nur Mütter sie haben, die vielen Lücken, die entstanden waren, zu füllen. Als sie dann auch weg war, war es plötzlich sehr dunkel und sehr einsam um mich herum geworden. Sie wurde nur 58 Jahre alt und ihr Tod war einer dieser Momente, in denen man sich fragt: Warum ausgerechnet dieser Mensch?

Inzwischen hatte ich bereits die 40 überschritten und ich hörte die Uhr ticken, tick tack, tick tack ... Sie kennen das: Wenn man einmal in so einer Spirale ist, die sich nach unten dreht, sieht man alles noch kritischer und noch schlechter, als es ohnehin schon ist. Ich entwickelte mich zuerst nebenberuflich und danach auch hauptberuflich zum Zyniker und beschrieb jedem, der es hören wollte und auch jenen, die es nicht hören wollten, wie schlecht die Menschen und die Welt doch geworden waren.

Eines Tages las ich in der *Neuen Zürcher Zeitung* (NZZ), dass nur 2,1 Prozent der Menschen in der Schweiz, 97,9 Prozent des Vermögens besitzen würden![5, 6] Ich konnte das nicht glauben und fing an zu recherchieren. Tatsächlich fand ich die Tatsache mit leicht unterschiedlichen Zahlen von verschiedenen Quellen bestätigt. Am Ende blieb für mich die Erkenntnis, dass 5 Prozent der Menschen auf dieser Welt erfolgreich sind in dem, was sie tun, und 95 Prozent der Menschen sich mehr oder weniger durchs Leben kämpfen, bis es irgendwann zu Ende ist. Diese Erkenntnis bestärkte meinen Glauben an eine schlechte und ungerechte Welt. Und jetzt, da ich es schwarz auf weiß hatte, erschreckte mich diese Erkenntnis auch zutiefst. Ich war mir zwar ziemlich sicher, eigentlich sogar sehr überzeugt, dass die Welt schlecht und ungerecht war, aber trotzdem wollte ich es irgendwie einfach nicht akzeptieren. Irgendetwas regte sich in mir, eine Art Widerstand machte sich breit. Im Nachhinein betrachtet müssen dies die Kämpfergene gewesen sein, die mir meine Mutter vererbt hatte, denn sie wehrte sich auch ein Leben lang gegen alles, das aus ihrer Sicht ungerecht war. Ich erinnerte mich an ihre Erzählungen, wie sie Ende der 60er-Jahre in der Schweiz Frauenbewegungen anführte und sich für das Stimmrecht der Frauen einsetzte, das erst 1971 im Gesetz verankert wurde. Sie hatte sich immer für Gerechtigkeit eingesetzt, aber nicht nur für Frauen, sondern für alle Menschen. Und was tat ich? Ich saß da und fühlte mein Alter schwer auf meinen Schultern liegen, aber vielleicht waren es auch nur die 45 Kilo Übergewicht, die ich spürte.

Es war 2012, das Jahr, in dem ich den gleichnamigen Blockbuster *2012* zum ersten Mal sah. In dem Film geht die Welt unter und nur die Superreichen haben eine Chance zu überleben, während die anderen dazu verdammt sind, mit der Welt unterzugehen. Ich war mir ziemlich sicher, dass die Welt nicht untergehen würde, auch wenn sie es manchmal verdient hatte, so ungerecht, wie alles war. Ironischerweise war es für mich das Jahr, in dem ich mich auf die Suche machte. Ich spürte, dass sich in mir neben dem Zyniker noch eine andere Stimme bemerkbar machte. Ich wusste nicht, was sie mir sagen wollte, aber ich wollte Antworten. Warum sollten nur 5 Prozent der Menschen erfolgreich sein dürfen? Was war mit uns, den anderen 95 Prozent? Hatten wir kein Anrecht auf ein angemessenes Stück vom Kuchen?

Ich fing an, mich mit dieser ungerechten Welt auseinanderzusetzen. Je intensiver ich das tat, desto weniger Sinn machte die Welt für mich, und es stellten sich mir noch mehr Fragen. Die Welt erschien mir zunehmend grotesk. Nie zuvor in der Menschheitsgeschichte gab es so viele Diätangebote, Ernährungsberater, Fitnessstudios und derart ausführliches Wissen über Sport und Ernährung. Trotzdem steigt die Anzahl der übergewichtigen Menschen weiter rasant an.

Nie zuvor verfügten wir über so viel Technologie wie heute, die uns das Leben erleichtert, schwere Arbeiten abnimmt oder gar komplett automatisiert, und trotzdem haben wir einen weiteren

Anstieg von Stresserkrankungen wie Burn-out, Diabetes und Herz-Kreislauf-Erkrankungen.

Social Media hat die Welt zwar vernetzt, aber mehr Menschen denn je sind trotzdem einsam oder erst recht, weil sie dem Druck, etwas Besonderes sein zu müssen, nicht mehr standhalten können und sich zurückziehen. Mir fiel auf, egal, wie viele Angebote wir für die Lösung eines Problems schaffen, die Probleme nehmen weiter zu. Ich hatte dies selbst erlebt, mit meinen Diäten. Was immer ich probiert hatte, der Erfolg war nie langfristig. Wenn man verzweifelt genug ist, dann hört es sich schon verführerisch an, wenn man liest: »Verlieren Sie 15 Kilo in 30 Tagen«. Man denkt sich: »Was soll's? 30 Tage, 69 Euro, das kann ich ja mal versuchen.« Wir alle kennen die Ergebnisse solcher Diäten. Nach reiflicher Analyse vieler Diätmethoden bin ich letztendlich zu dem Schluss gekommen, dass alle Diäten drei grundlegende Probleme haben, und zwar den Anfang, die Mitte und das Ende. Mit anderen Worten: Die gesamte Diät ist das Problem. Sie bestehen nur aus Verzicht und stehen somit in Konflikt mit uns selbst. Trotzdem gibt es immer mal wieder Menschen, die erfolgreich abgenommen haben. Wie haben die es geschafft? Wieso sind gewisse Menschen darin erfolgreich und andere nicht? Schnell erkannte ich auch hier wieder die 95/5-Formel.

Mir war klar, ich gehörte zu den 95 Prozent. Ich war nicht erfolgreich, weder beim Abnehmen noch in meinem sonstigen Leben. Ich war keiner, der schnell aufgab, und vor harter Arbeit hatte ich mich auch nie gedrückt. Ich war auch immer wieder bereit Risiken einzugehen, oft arbeitete ich 12 oder 15 Stunden am Tag und mehr. Und trotzdem stellte sich der gewünschte Erfolg nicht ein. Was also ist es, das diese 5 Prozent Erfolgreichen anders machen als wir?

Ich nahm mir vor, mein Gewichtsproblem als Erstes anzugehen, da ich dies für das Wichtigste hielt. Ich war mir sicher, wenn ich das erst mal im Griff hätte, würde sich alles andere wie von selbst ergeben. Das ergibt zwar aus heutiger Sicht keinen wirklichen

Sinn, aber es hörte sich für mich damals gut an und irgendwo musste ich ja sowieso beginnen. Also fing ich an, in meiner Ein-Zimmer-Dachgeschosswohnung Kochbücher zu lesen, denn ich wollte kochen lernen, weil ich darin einen wichtigen Faktor für meine Gewichtsreduktion sah. Allerdings war das für jemanden, der Couch Potato für ein Gericht hielt, eine ganz schön große Herausforderung.

Im ersten Kochbuch, das ich in die Hand nahm, forderte der Autor dazu auf, sich zu überlegen, ob man eher jemand sei, der gerne schnelle Gerichte zubereitet, oder ob man mehr aus Leidenschaft und bewusst kochen und somit aufwendige Gerichte zubereiten wolle. Er schloss mit den Worten: »Welche Art Mensch sind Sie?« »Gute Frage«, dachte ich, »welche Art Mensch bin ich denn eigentlich?« Da saß ich nun, schwitzend mit 45 Kilo Übergewicht in meinen 40ern und konnte nicht mal die einfache Frage eines unbekannten Kochbuchautoren beantworten. Ich legte das Buch beiseite und setzte mich an den Computer. In Google suchte ich: »Wer bin ich?« Google lieferte mir mehr als 370 Millionen Suchergebnisse. »Na großartig«, dachte ich mir, »es scheint also viele Meinungen dazu zu geben.«

 Ich googelte weiter, gelangte von einer Seite zur nächsten und stieß irgendwann auf ein Buch von einem Dr. Joseph Murphy mit dem Titel *Die Macht des Unterbewusstseins*. Die Beschreibung des Buches faszinierte mich und ich ging sofort los, um das Buch zu kaufen und begann zu lesen. Murphy erklärte, dass wir alle immer versuchen, uns all unserer Handlungen bewusst zu sein, doch dass diese bewussten Handlungen nur einen kleinen Teil unserer täglichen Tätigkeiten beeinflussen würden. Der weitaus größte Teil aller Tageshandlungen würde von unserem Unterbewusstsein dominiert, weshalb es mehr Sinn machen würde, das Unterbewusstsein zu beeinflussen[7]. Das hörte sich für mich sehr logisch an und ich verschlang die 316 Seiten des Buches von Murphy innerhalb kürzester Zeit. Später lernte ich von Dr. Bruce Lipton und anderen

Forschern sogar, dass unser Unterbewusstsein bis zu 95 Prozent aller unserer Tageshandlungen beeinflusst. Nachdem ich Murphys Buch gelesen hatte, fühlte ich mich, als ob er mich in ein paar grundlegende Geheimnisse der Menschheit eingeweiht hätte. Ich spürte, dass ich dem Geheimnis, das ich so lange gesucht hatte, auf der Spur war. Ich kaufte weitere Bücher und nachdem ich weitere 1000 Seiten gelesen hatte, bekam ich zu der Frage »Wer bin ich?« eine völlig neue Einstellung. Ich bemerkte auch, wie ich anfing, über viele Dinge, die für mich bisher immer klar gewesen waren, nachzudenken, denn vieles machte plötzlich keinen Sinn mehr, zumindest in meinen Augen.

Ich bin, wer ich bin, nur, wer ist das?

Die Frage »Wer bin ich eigentlich?« hat sich wohl jeder schon mal gestellt, aber die wenigsten haben sie je beantwortet, geschweige denn einmal zu Ende gedacht! Als ich damit begann, wurde mir plötzlich bewusst, wenn ich die Resultate meines bisherigen Lebens nicht mag, kann ich dafür nicht der Welt oder den Umständen die Schuld geben, sondern ich muss in erster Linie mich selbst in die Pflicht nehmen, denn es sind meine Resultate. Das war die erste wichtige Erkenntnis, die ich hatte. Aber um mich erfolgreich zu verändern, musste ich zuerst darüber nachdenken, wer ich bin und was ich mit meinem Leben tun will. Meine erste Feststellung war, dass ich, wie die meisten Menschen, keine wirkliche Ahnung davon hatte, wer ich bin.

Ob man nun diese Frage gestellt bekommt oder jemanden fragt, man wird in aller Regel den Vornamen und den Familiennamen zu hören bekommen. Fragt man weiter, so werden der Beruf und das Alter hinzugefügt. Also, ich bin Friedrich Schneider, 36 Jahre alt und arbeite als Logistiker. Je nachdem kann es sein, dass auch der Wohnort und der Zivilstand noch erwähnt werden. Nun wissen wir, wen wir vor uns haben und wer wir sind, oder?

Nein, wissen wir nicht, wir haben null Ahnung!

Friedrich ist ein Name, den die Eltern gewählt haben, Schneider ist offensichtlich der Name, den der Vater schon getragen hat. Das Alter von 36 Jahren, nun gut, das ist eine ungefähre Angabe darüber, wann Friedrich geboren wurde, und den Beruf des Logistikers, den hat er wohl irgendwann mal erlernt, aber das ist nicht, wer er ist, sondern nur wie er heißt und was er beruflich macht. Wenn Logistiker das wäre, was Friedrich ist, dann wäre er ja nicht mehr Friedrich, wenn er einmal seinen Beruf wechselt. Wenn der Name Friedrich das ausmachen würde, was er ist, dann gäbe es ihn ganz schön oft. Die Frage bleibt also: Wer bin ich? Oder an den Leser gewandt: Wer sind Sie? Wenn wir nun akzeptieren, dass der Name oder der Beruf nicht wirklich das ist, was wir sind, dann zeigen wir als Nächstes auf unseren Körper. Meistens tippen wir uns auf die Brust und sagen: »Das bin ich.« Aber stimmt das? Ist unser Körper wirklich das, was wir sind? Wir sagen: »Mein Bein/meine Hand/mein Kopf schmerzt.« Wir sagen »mein« und nicht »ich«! Wen meinen wir also, wenn wir »mein« sagen? Offensichtlich gehört dieser Körper jemandem, aber wem? Antworten Sie jetzt mit na »mir natürlich«, dann gehen Sie bitte ein paar Zeilen nach oben und fangen Sie nochmals bei der Frage an, wer Sie sind! Übrigens, achten Sie mal darauf: Sie sagen auch »mein Name« und »mein Beruf«. Auch hier stellt sich wieder die Frage: Wer ist »mein«?

Sie sehen also, es ist eine ganz einfache Frage, die uns schon oft gestellt wurde und die wir schon oft beantwortet haben, und plötzlich stellen wir fest, dass wir gar nicht so genau wissen, wie diese Frage zu beantworten ist. Wir wissen zwar, was uns gehört, können »uns« aber nicht genau definieren!

Wenn Sie jetzt ein bisschen hin- und hergerissen sind zwischen Interesse für und Ablehnung gegen diese Thematik, dann ist das ganz normal. Ihr ICH wird gerade in Frage gestellt und ES mag das überhaupt nicht. Es ist IHM am liebsten, wenn Sie so weitermachen wie bisher. Doch wir wissen ja, dass die Resultate Ihres bisherigen Wirkens nicht wirklich überzeugend waren, also ist es an der Zeit, das ICH zu hinterfragen und ein paar Veränderungen durchzuführen.

Wenn wir versuchen, uns bewusst zu werden, wer wir sind, muss man wissen, dass wir in verschiedenen Welten leben. Da ist zum einen die physische Welt mit unserem Körper und allem, das wir anfassen und sehen können, wie beispielsweise unser Spiegelbild, das wir jeden Morgen dabei beobachten, wie es sich die Haare kämmt und die Zähne putzt, obwohl wir nicht genau wissen, wen wir da sehen. Dann ist da die psychische Welt, unser Intellekt, von dem wir wissen, dass er da ist, den wir aber schon schwerer begreifen, geschweige denn greifen können. Da wir als Menschen dazu tendieren, eher an das zu glauben, was wir sehen und berühren können, fehlt uns das Bewusstsein für vieles, was nicht physisch ist, und genau hier liegt das Problem mit dem ICH. Dazu kommt noch die spirituelle Welt, die für viele Menschen ebenfalls eine große Rolle spielt.

Persönlich habe ich festgestellt, dass der größte Teil dessen, was ich bin, nicht fassbar und sichtbar ist, und trotzdem ist er da, so real wie meine Hand, mein Bein oder meine Kopfschmerzen. Um das zu begreifen, musste ich zuerst lernen, wie unser Geist, unser Gehirn und unser Körper funktionieren und vor allem, wie alle diese Dinge zusammenspielen und welche gewaltige Auswirkung dieses Zusammenspiel von Geist, Gehirn und Körper auf unser Leben hat. Als ich dies schlussendlich begriffen hatte, veränderte sich alles in meinem Leben in einer Art und Weise, die ich zuvor nicht für möglich gehalten hätte. Ich begann zu verstehen, warum bei gewissen Menschen manche Dinge so einfach und leicht aussahen und warum diesen Menschen scheinbar alles gelang, was sie sich vorgenommen hatten.

Die Wahrheit und nichts als die reine Wahrheit

Wie die meisten von uns bin ich durchs Leben gegangen und habe versucht, den Schein zu wahren, die Existenz zu sichern und das zu sein, was man seiner Umwelt vermitteln möchte, oder was diese von einem erwartet. Dabei gibt es nur ein Problem. Man vergisst zu leben. Je länger man dies tut, umso stärker wird dieses Verhalten in unserem Unterbewusstsein gespeichert, und wir spielen es jeden Tag aufs Neue immer wieder ab, ohne dass uns dies überhaupt noch bewusst ist. Die Sicherung der Existenz, die Wahrung des Scheins, das alles ist zu unserer Realität geworden. Die Probleme bleiben. Mal ~~mehr~~ sind es mehr, mal sind es weniger, aber sie kommen immer wieder zurück, und es ändert sich wenig bis nichts. Ich habe auch gelernt, dass das, was ich als Realität empfinde, nicht der Realität entspricht, denn es gibt mehr als eine Realität. Sie haben sicherlich schon die Redewendung gehört, dass jede Medaille zwei Seiten hat und obwohl man dieselbe Medaille betrachtet, man nicht dasselbe sieht. Aber ich spreche nicht nur davon, sondern davon, wie wir persönlich Dinge wahrnehmen, und das ist ganz wichtig, denn Wahrnehmung kreiert Wahrheit!

Dazu ein erster kleiner Ausblick in das komplexeste und mächtigste Gebilde im gesamten uns bekannten Universum. Ein Gebilde so mächtig, dass es Sie unendlich erfolgreich und glücklich machen kann, wenn Sie es richtig nutzen. Ich spreche von unserem Gehirn. Die meisten Menschen gehen davon aus, dass alles, was wir mit unseren Augen sehen, wie ein Film von unserem Gehirn aufgenommen wird und später als Erinnerung wieder abgespielt wird. Doch in Wahrheit funktioniert das Gehirn nicht so. Unser Gehirn erstellt von einer Situation, die wir betrachten, etwa alle 30 Millisekunden ein Bild. Diese Bilder werden später als Erinnerung zusammengereiht, ähnlich wie bei einem Daumenkino und erzeugen unsere Wahrheit.

Drei Personen, die an einer Bushaltestelle stehen und während sie auf den Bus warten auf der gegenüberliegenden Straßenseite einen Unfall beobachten, werden den anschließend ermittelnden Polizisten höchstwahrscheinlich sehr verschiedene Aussagen präsentieren. Da ist die junge Mutter, die ihr Baby im Kinderwagen spazieren gefahren hat, die aussagt, dass der flüchtende Wagen grau war. Dann ist da der pensionierte Verwaltungsangestellte, der auf den Bus wartete, der angibt, der Wagen sei weiß gewesen, und der Teenie, der mit seinem Smartphone spielte, meint, es sei ein blauer Wagen gewesen. Jeder ist davon überzeugt, die Wahrheit zu sagen, und aus seiner Sicht ist dies auch die Wahrheit, denn jede dieser Personen würde einen Test mit einem Lügendetektor bestehen. In unserem Fall war der Wagen wirklich weiß, wie der Pensionär sagt, aber warum spricht dann der Teenie von einem blauen Wagen und die junge Mutter von einem grauen Fahrzeug? Ganz einfach, die Anzahl der Bilder im Gehirn der jungen Mutter und des Teenies reichten nicht aus, um die Farbe des Wagens zu erfassen. Da war noch so viel anderes, auf das sich das Gehirn in diesen wenigen Sekunden fokussierte. Die junge Mutter erschrak, als es direkt neben ihr knallte und schaute sofort zu ihrem Baby. Der Teenie war auf seinem Smartphone noch mit Instagram beschäftigt, als es knallte, und wusste erst gar nicht, wohin er schauen sollte. Nur der Pensionär beobachtete ohne Ablenkung, wie der Unfall geschah und sich der weiße Wagen sofort aus dem Staub machte!

Wenn wir solche Lücken in unserer Erinnerung haben, so füllt unser Gehirn diese mit dem ihm Naheliegendsten auf, was in einem Fall ein grauer und im anderen ein blauer Wagen sein kann. Dies geschieht wie die meisten Dinge in unserem Leben unterbewusst. Der Teenie hat vielleicht ein Poster eines blauen Autos zu Hause in seinem Zimmer. Dann hat das Unterbewusstsein dem Gehirn diese Farbe innerhalb von Millisekunden implantiert. Die junge Mutter hatte vielleicht kurz zuvor unbewusst einen grauen Wagen vorbeifahren sehen und so hat ihr Gehirn die Lücke mit dieser Farbe aufgefüllt. Wichtig ist es für uns zu wissen, dass unser Gehirn

31

uns nicht immer die effektive Wahrheit erzählt. Es hat die Aufgabe, unser Überleben zu sichern und Konflikte, wenn immer möglich, schnell und ohne viel Energieverbrauch aufzulösen. Also tut es dies, indem es die fehlende Farbe des Fluchtwagens in Millisekunden hinzufügt, ohne dass wir etwas davon mitbekommen.

Darauf bezieht sich auch mein immer wieder verwendetes Zitat: Wahrnehmung kreiert Wahrheit. Wenn wir das Verstehen, begreifen wir auch, dass es »die Wahrheit« nicht gibt. Im Volksmund sagt man dazu auch: Wahrheit ist Ansichtssache. Doch die Wahrheit ist eine Frage unserer Wahrnehmung. Um herauszufinden, wer wir wirklich sind, ist es unumgänglich, sich mit der Funktionsweise unseres Gehirns zu beschäftigen. Damit, wie es Bewusstes und Unbewusstes verarbeitet und welche Auswirkungen das auf uns hat. Erst dann können wir anfangen zu begreifen, wer wir sind.

Genauso wichtig wie sich selbst zu erkennen, ist es, herauszufinden, was man mit seinem Leben tun möchte. Sind diese beiden Fragen erst mal geklärt, ist man auf dem besten Weg erfolgreich zu werden. Es gibt dieses Sprichwort »Wer nicht weiß, wohin er will, wird nie irgendwo ankommen.« Doch ich bin damit nicht ganz einverstanden und würde dies gerne ergänzen: »Wer nicht weiß, wohin er will, der wird irgendwann genau dort enden, wo er nie hinwollte, und wird in aller Regel dort den Rest seines Lebens verbringen.« Wird uns das bewusst, so erkennen wir sehr schnell, dass die Fragen nach dem Wer und Was zentral für den Erfolg in unserem Leben sind. Denn wenn wir erkannt haben, wer wir sind und was wir wollen, dann kommt das Beste, dann kommt die große Überraschung, das große Staunen, denn dann können wir anfangen, ein ICH zu erschaffen, das unseren Wünschen und unseren Vorstellungen entspricht. Wir müssen keinen Schein mehr aufrechterhalten. Wir fangen an zu sein, wer wir sind und zu tun, was uns guttut. Dies setzt so viel Energie in uns frei, dass wir plötzlich das Gefühl haben, es gäbe keine Grenzen mehr für das, was wir erreichen wollen. Wer aber nicht versteht, wie wir Menschen, unser Geist, unser Gehirn und unser Körper miteinander funktionieren, der wird es sehr schwer haben, dieses neue ICH zu kreieren. Doch bevor wir ein neues ICH kreieren und uns nochmals der Frage widmen, wer wir sind, ist es erst mal wichtig, zu verstehen, woher wir kommen und wie unser bisheriges ICH entstanden ist.

Mit wem man ist, so wird man

In der fünften Schwangerschaftswoche haben wir im Mutterleib noch nicht mal richtige Arme, aber unser Gehirn ist schon ziemlich weit. Jede Minute werden 250 000 neue Gehirnzellen produziert, das entspricht einer Tagesproduktion von 360 000 Millionen Gehirnzellen. Das ist ganz schön viel Betrieb im Gehirn eines Kindes, das noch fast acht Monate braucht, bis es das Licht der Welt erblickt und wir mit der effektiven Zeitrechnung des Alters beginnen. Wenn es dann aber so weit ist, dann kommt dieses neugeborene Wunder mit etwa 100 Milliarden Gehirnzellen zur Welt.[8] Dies entspricht auch der Anzahl Gehirnzellen eines erwachsenen Menschen. 100 Milliarden, das hört sich nach sehr viel an und das ist es auch. Eine Gehirnzelle, auch Neuron genannt, ist nur etwa 1 bis maximal 5/1000 Millimeter groß und für das menschliche Auge nicht sichtbar. Würden wir aber alle 100 Milliarden Gehirnzellen an eine Schnur binden, so könnten wir die Distanz von der Erde zum Mond überbrücken und den Rest noch rund viermal um die Erde wickeln. Im Gegensatz zum Erwachsenen sind die Gehirnzellen des Neugeborenen noch im Tiefschlaf.[9] Zwar weisen neueste wissenschaftliche Erkenntnisse klar darauf hin, dass selbst im Mutterleib Gehirnaktivität des noch Ungeborenen stattfindet. Allerdings fehlen hier noch fundierte wissenschaftliche Studien, die bei Experten eine breite Zustimmung finden würden. Was jedoch unmittelbar nach der Geburt passiert, ist bekannt, denn es kann mittels Hirnscans gemessen und ausgewertet werden. Durch erste Berührungen nach der Geburt werden gewaltige Schaltkreise im Gehirn zum Leben erweckt. Nach und nach kommen weitere

Schaltkreise dazu; Tast- und Geruchssinn, nach ein paar Monaten beginnt das Baby zu krabbeln, und noch ein paar Monate später beginnt der Stress für die Eltern, wenn das Baby anfängt zu laufen und die große weite Welt entdecken will.

Das Gehirn eines Kindes arbeitet die ersten sechs Jahre im Wachzustand mehrheitlich auf der sogenannten Theta-Gehirnwellenfrequenz, in Zahlen ausgesprochen, zwischen 4 und 8 Herz.[10] Diese Gehirnwellenfrequenz erreichen Erwachsene nur kurz vor dem Einschlafen oder direkt nach dem Aufwachen. Hypnose oder Meditation sind ebenfalls Möglichkeiten, um mit unseren Gehirnwellen in diesen tiefen Frequenzbereich zu kommen.

Das Gehirn des Kindes verhält sich in den ersten sieben Jahren wie ein Aufnahmegerät. Alles, was es sieht, hört, spürt, riecht und berührt, wird im Unterbewusstsein abgespeichert. Das Gehirn des Kindes besitzt somit bis zum etwa siebten Altersjahr keinen analytischen oder bewussten Geist. Dieser wird erst danach kreiert, und zwar anhand der Informationen, die dem Gehirn zur Verfügung stehen. Damit ist alles gemeint, was Sie Ihrem Kind erzählt haben oder was es gehört, gerochen, berührt oder gesehen hat.

Ein Kind kopiert das, was sich in seinem Umfeld abspielt, wiederholt, was die Eltern, die Kameraden oder die Verwandten erzählen. Eltern kennen das. Die Kinder benutzen plötzlich Schimpfwörter, die der Papa gerne gebraucht oder fragen Mama beim Besuch, ob das jetzt der Onkel sei, der gerne mal einen über den Durst trinken würde. Auch wenn das Kind keine Ahnung hat, was dies bedeutet, so hat es die Formulierung abgespeichert und wird diese später, wenn ihm die Bedeutung bewusst ist, auch wiederverwenden. Außer natürlich, es lernt in der Schule einen viel cooleren Spruch.

Alle Erfahrungen der ersten sieben Jahre werden unser weiteres Leben prägen, denn diese Informationen dienen später unserem Unterbewusstsein, um die Programme für uns zu kreieren.

Diese Programme sind entscheidend dafür, wie wir mit Problemen oder Kritik umgehen, wie gut wir Freude ausdrücken können und wie stark unser Selbstbewusstsein ist. Denn all diese Dinge und noch viele mehr, die wir jeden Tag nutzen, werden von unserem Unterbewusstsein dominiert. Wir alle sprechen zwar immer vom Bewusstsein, aber das Bewusstsein ist in alle täglichen Handlungen nur zu 5 Prozent involviert, die unterbewussten täglichen Handlungen dagegen machen 95 Prozent aus[11]. Ob wir wollen oder nicht, wir werden durch unser Unterbewusstsein gesteuert, ein Unterbewusstsein, das seine Grundzüge in den ersten sieben Jahren unseres Lebens von unserem Umfeld bekommen hat. Da kommt also erneut die 95/5-Formel ins Spiel und sie sagt uns diesmal etwas enorm Wichtiges. Was wir sind, was wir als ICH definieren, ist im Grunde genommen eine Ansammlung von Meinungen und Ideen, die uns unser Umfeld, Vater, Mutter, Geschwister, Großeltern, Verwandte, Bekannte, Kindergarten, Lehrer und Schulfreunde weitergegeben haben. Das ist nichts Schlechtes, in den meisten Fällen jedenfalls, denn insbesondere die Eltern wollen in aller Regel nur das Beste für ihre Kinder. Aber es bedeutet auch, dass wir in einer wichtigen Phase unseres Lebens keine große Entscheidungsgewalt darüber haben, wer, wie und was wir zukünftig einmal werden wollen.

Die Prägung, die wir als Kind mitbekommen, hat einen weit größeren Einfluss auf unser Leben, als wir lange Zeit angenommen haben. Dies zeigt sich oft erst Jahre später, wenn wir Menschen sehen, die Dinge mit einer Selbstverständlichkeit und Leichtigkeit angehen, von der andere nur träumen. Die Fähigkeit, Ziele selbstbewusst und zielstrebig anzugehen, wird einem nicht angeboren oder in die Wiege gelegt, es ist in den meisten Fällen eine Frage der Erziehung, der Prägungen in unseren frühen Jahren.

Als Kind entdeckt man die Welt mit großen Augen und ist begeistert von deren Vielfalt und Schönheit. Man entwickelt erste Träume. Man möchte Pilot oder Ärztin werden, die Welt bereisen oder einfach nur Superstar oder Millionär sein, weil man dann viel Geld hat und sich alles leisten kann. Meistens erfahren wir hier die ersten Eingrenzungen von unserem Umfeld, in aller Regel den Eltern, die dann mit gut gemeinten Sprüchen aufwarten wie: »Lerne zuerst einmal etwas Vernünftiges, mach mal die Schule fertig, die Bäume wachsen nicht in den Himmel und das Geld liegt nicht auf der Straße.« Obwohl all die Ratschläge gut gemeint sind, so sind sie doch nicht förderlich für die Entwicklung des Kindes. Die Wissenschaft hat in mehreren Studien aufgezeigt, dass Kinder, die mit großem Zuspruch der Eltern und des Umfeldes aufgewachsen sind, im Leben deutlich besser abschneiden als jene, die immerzu begrenzt wurden[12]. Das Wertesystem des eigenen ICHs wird in seinen Grundformen genau in diesem Zeitrahmen geformt. Unsere späteren individuellen Ausprägungen mögen verschieden sein, aber die Grundlage ist jene, die uns die Eltern mitgegeben haben. All diese Prägungen sind insbesondere in unserem Unterbewusstsein eingepflanzt, das, wie wir wissen, 95 Prozent unserer täglichen Handlungen bestimmt und noch wichtiger, dessen Handlungen uns zum Zeitpunkt der Handlungen gar nicht bewusst sind.

Wenn ich Sie jetzt bitten würde, zu schätzen, wie viele von 100 Kindern mit diesen Einschränkungen großgezogen werden und wie viele mit unterstützenden Worten und Handlungen, wenn das Kind große Träume hat, was würden Sie sagen? Ist die Relation 50-50, 80-20? Oder würden Sie sogar sagen, sie ist eher 95/5? Bei all jenen, die bei 95/5 innerlich genickt haben, deckt sich ihre Einschätzung mit den Erfahrungen, die ich gemacht habe.

Ich möchte aber gleich klarstellen, dass es in diesem Buch nicht darum geht, die Erziehung von Eltern infrage zu stellen, da ich überzeugt bin, dass alle Eltern immer nur das Beste für ihre Kinder wollen und alles in ihrer Macht Stehende tun, um genau dies zu erreichen. Es geht darum, wissenschaftliche Erkenntnisse mit Erfahrungen und Resultaten im Leben abzugleichen und um den Versuch, Parallelen zu finden.

Was sind also unsere ersten Erkenntnisse? Wir erhalten immer wieder Hinweise zur 95/5-Formel, die wir nicht nur in der Verteilung des Reichtums, der Verteilung von Bewusstsein und Unterbewusstsein, sondern auch in der Erziehung von Kindern wiederfinden.

Besonders wichtig war für mich in meiner Transformation die Tatsache, wie stark unser Unterbewusstsein ist. Es arbeitet zu 95 Prozent des Tages an unserem Erfolg oder Misserfolg, an unserem Glück oder Unglück und entscheidet letztendlich, wie unser Leben verläuft, je nachdem, welche Programme wir haben laufen lassen. Ich weiß, dass man uns immer sagt, wir sollen alles möglichst bewusst tun und achtsam sein. Diese Aussage unterstütze ich auch, aber wir dürfen nicht vergessen, dass unser Bewusstsein nur 5 Prozent unserer Handlungen beeinflusst. Auch wenn wir versuchen, bewusst und achtsam zu sein, so werden wir doch immer wieder permanent abgelenkt, von E-Mails, SMS, WhatsApp-Nachrichten, Instagram, Facebook, Twitter, Anrufen, Nachrichten, YouTube und tausend anderen Dingen.

Ich erinnere mich, als ich gelernt hatte, dass Heidelbeeren ausgezeichnete Nahrung für unser Gehirn sind. Neurowissenschaftler hatten herausgefunden, dass die Flavonoiden in den Beeren, die auch für die Farbgebung verantwortlich sind, jene Bereiche im Gehirn stärken, die für das Lernen und das Gedächtnis zuständig sind.[13] Also kaufte ich Unmengen an gefrorenen Heidelbeeren und fing an, diese in mein Morgenmüsli zu mischen, doch ich vergaß es immer wieder, durch all die morgendlichen Ablenkungen, die einem schon beim Aufstehen auflauern. Dann erinnerte ich mich an eine Passage aus dem Buch von Murphy über die Macht des Unterbewusstseins[14]. Zusammen mit den Erkenntnissen, die ich in dem Buch *Intelligente Zellen* von Prof. Bruce Lipton über das Unterbewusstsein gelesen hatte[15], kreierte ich eine Technik, um das Unterbewusstsein direkt zu beeinflussen und nannte es die Einschlaftechnik. Eine einfache Technik, die sich jeder in kurzer Zeit einfach und sehr schnell aneignen kann:

Tipp: Einschlaftechnik

Sie liegen abends im Bett und spüren, dass Sie kurz davor sind einzuschlafen. Wenn unser bewusster Verstand schwächer und schwächer wird und wir kurz davor sind, ins Land der Träume einzutauchen, dann kommen wir in den Gehirnwellenbereich Theta. Das ist der Bereich, in dem Kinder bis zum siebten Altersjahr sind und in dem das Unterbewusstsein aktiv ist. Suchen Sie Bilder und Situationen, in denen Sie glücklich sind, und schlafen Sie mit diesen Bildern ein. Rufen Sie sich ganz bewusst die positiven Aspekte Ihres Lebens in Erinnerung und schlafen Sie mit diesen Gedanken ein. Oder wenn Sie sich an etwas Bestimmtes erinnern möchten – so wie ich mich an die Heidelbeeren erinnern wollte –, denken Sie daran. Sie werden auch bemerken, dass Sie oft von Dingen träumen werden, mit denen Sie eingeschlafen sind, denn diese schwirren nun in unserem Unterbewusstsein herum.

Ich habe also angefangen, mir vor dem Einschlafen vorzustellen, wie ich am Morgen in der Küche stehe und Heidelbeeren in mein Müsli mixte. Ich konnte vor meinem geistigen Auge sehen, wie ich das tat und dann genüsslich das Müsli verspeiste. Etwa drei Wochen später bemerkte ich, dass ich keine gefrorenen Heidelbeeren mehr hatte. Alle vier Packungen waren weg und da begriff ich erst, dass ich diese jeden Morgen in mein Müsli gemischt hatte.

Ohne es bewusst zu realisieren, kreierte ich mit der Kraft meines Unterbewusstseins ein neues, für mich positives Verhalten. Ich musste mich nicht jeden Tag aufs Neue darauf konzentrieren, die gesunden Heidelbeeren zu essen, dies erledigt bis zum heutigen Tag mein Unterbewusstsein! Bis zum heutigen Tag und wohl für den Rest meines Lebens werde ich mich immer wieder der Macht des Unterbewusstseins bedienen, um neue Verhaltensmuster zu kreieren, denn wenn man dieses Muster einmal gespeichert hat, erleichtert es einem das Leben enorm.

> Sobald wir uns einmal die Zeit nehmen und uns wirklich fragen, was wollen wir eigentlich, stellen wir schnell fest, diese Frage ist gar nicht so einfach zu beantworten. Oft wissen wir sehr schnell, was wir nicht wollen, aber darum geht es nicht. Die Fragen nach dem Sinn und Zweck unserer Existenz können erst beantwortet werden, wenn wir wissen, wer wir eigentlich sind und was wir vom Leben wollen.
>
> Doch auch um diese Fragen zu beantworten, bedarf es noch einer Voraussetzung, und an genau dieser Voraussetzung scheitern 95 Prozent der Menschen. Bevor wir nur eine dieser Fragen beantworten können, müssen wir zuerst verstehen, wie wir als Menschen funktionieren. Wir müssen verstehen, dass alles, was wir tun, seinen Ursprung in unserem Denken hat. Wenn wir das verstanden haben und damit verbunden auch wie das Denken an sich funktioniert, haben wir alle Voraussetzungen, um die wichtigen Fragen des Lebens zu beantworten und dauerhaft glücklich und erfolgreich zu werden.

*wer wir sind &
was wir wollen*

Kapitel 2

Wissen macht nur 5 Prozent aus, die Umsetzung 95 Prozent

25 Jahre lang kämpfte ich mit Übergewicht. Mal waren es ein paar Kilo weniger, mal ein paar mehr, aber definitiv immer viel zu viel. Anfangs 2012 war ich an der Spitze angelangt und wog über 125 Kilo bei einer Körpergröße von 1,77 Metern. Es war kein schöner Anblick und ich fühlte mich auch genauso schwer, wie ich aussah. Treppensteigen, gehen, sitzen, stehen, alles war mit großer Anstrengung verbunden. Doch abgesehen von all den körperlichen Unannehmlichkeiten kamen die sozialen Aspekte dazu. Mit 45 Kilo Übergewicht gehört man nicht zu den *In-people*, man gehört auch nicht zu jenen, mit denen andere coole Sachen unternehmen wollen. Man steht einfach ein bisschen neben allem und ich konnte die anderen sogar verstehen, ich wollte ja nicht mal selbst etwas mit mir unternehmen. Kleider kaufen war für mich der absolute Horror. Hosen in meiner Größe gab es mehr oder weniger gar nicht, und wenn, dann waren die Beine so lang, dass ich daraus zwei Paar hätte machen können. Ich musste also regelmäßig die Hosen stark kürzen lassen, was dann den Hosen den Schnitt nahm und das Übergewicht noch zusätzlich betonte. Als ich noch in den USA gelebt hatte, war das Einkaufen von passenden Kleidungsstücken einfacher für mich gewesen. Dort gab es Geschäfte, die auf meine körperlichen Verhältnisse spezialisiert waren. Die Amis sprechen auch nicht davon, dass man *fat*, also fett, ist, sondern nennen dich dann *big*. Das klingt zumindest sympathischer als einfach nur »fett«, macht das Ganze am Ende auch angenehmer und verschleiert ein bisschen die Tatsachen. Zurück in der

Schweiz war dieser Vorteil weg. Es gab keinen High-Five-Big-Guy mehr, hinter dem man sich verstecken konnte, in der Schweiz war ich einfach nur fett.

Kleider in meiner Größe waren nicht schön oder modisch und die Blicke der Verkäufer sagten immer wieder deutlich: »Selbst schuld! Warum frisst du nur so viel?!« Und dieser Blick schlägt auf die Stimmung, auf die Motivation und schlussendlich auf die Resultate im Leben. Es entsteht ein Kreislauf, alles Schlechte wird noch schlechter und sollte einem mal etwas Gutes über den Weg laufen, so tut man das als Ausnahme ab. So zu leben macht keinen Spaß. Die einen verzweifeln an solchen Situationen und die anderen werden so wie ich zu Zynikern, zu Pessimisten, die nicht nur das Glas halb leer sehen, sondern auch noch das Glas selbst kritisieren, das entweder zu groß, zu klein, zu alt, zu neu, zu bunt oder zu langweilig ist. Je nach Situation ergeben sich da viele Möglichkeiten. Getreu dem Motto: Nur her mit den Lösungen! Ich habe für jede Lösung mindestens 100 Probleme.

Rückblickend bin ich überzeugt davon, dass ich damals tief in mir drin viel lieber einfach nur traurig gewesen wäre und aufgegeben hätte, aber egal wie schwer meine Situation auch war, welcher Schicksalsschlag sich wieder mal in meinem Leben ereignete, da war noch etwas anderes in mir und das weigerte sich, diese Situationen zu akzeptieren. Warum hatten so wenige so viel und so viele so wenig auf dieser Welt?

Joseph Murphys Buch gab mir das Gefühl, etwas Neues gelesen und gelernt zu haben. Es fühlte sich für mich an, als hätte er mich in ein Geheimnis eingeweiht, und das war etwas, aus dem ich Hoffnung schöpfen konnte. Die Macht des Unterbewusstseins eröffnete mir einen neuen Weg, mich wieder einmal meinem latenten Gewichtsproblem zu widmen, denn für eine weitere Diät fehlten mir die Lust und die Motivation, und ich wollte keine Energie mehr für etwas verwenden, woran ich schon so oft gescheitert war.

Murphy sprach davon, dass man das Unterbewusstsein positiv beeinflussen könne[16], und das gefiel mir, zumal das Unterbewusstsein ja mit 95 Prozent an allen Tageshandlungen beteiligt war und das Bewusstsein nur mit mickrigen 5 Prozent. Für mich war also logisch, dass, wenn ich mich auf etwas konzentriere, die Resultate viel besser sein müssen, denn 95 Prozent ist nun mal viel mehr als 5 Prozent. Ich hatte ja bereits im letzten Kapitel die Einschlaftechnik kurz erwähnt, die mir geholfen hatte, Heidelbeeren in meinen Tagesablauf zu integrieren. Einige Leser haben sich eventuell gefragt, wie das genau funktioniert, manche haben es vielleicht schon ausprobiert und manche sind noch skeptisch. Ich hoffe, es geht Ihnen wie mir: Etwas nur zu wissen reicht nicht, erst wenn man weiß, wie man dieses Wissen anwenden kann, hilft es einem weiter. Ich würde sogar sagen: Wenn Wissen Macht ist, wie es so schön heißt, dann ist das Wissen um das Wissen, also die Anwendung eine Supermacht!

Also fing ich an, die Einschlaftechnik genauer unter die Lupe zu nehmen, denn ich wusste, sie funktioniert, aber wie genau, konnte ich nicht sagen. Es ist so ähnlich wie mit dem Fernseher. Man drückt auf den Knopf und schon sieht man das Atomkraftwerk von Lingen in den Nachrichten. Aber wie dieses von Lingen, das irgendwo in Niedersachsen liegt, in mein Wohnzimmer kam, wusste ich nicht. Aber es war da. Mit der Einschlaftechnik ging es mir ähnlich, aber im Gegensatz zu vielen anderen Leuten wollte ich es genauer wissen, bevor ich weitere Schlüsse daraus zog. Ich lernte, dass sich alles einmal mehr in diesem komplexen und unglaublich leistungsfähigen Gebilde, das wir Gehirn nennen, abspielte.

Unser Gehirn besteht aus Milliarden von Neuronen (Gehirnzellen), die mittels elektrischer Impulse an den Synapsen miteinander kommunizieren. Diese elektrischen Impulse erzeugen in unserem Gehirn Wellen und diese Gehirnwellen unterteilen wir in vier verschiedene Bereiche. Den tiefsten Bereich Delta, der zwischen 0,5 bis 4 Herz liegt, erreichen wir, während wir schlafen und träumen. Die nächste Frequenz wird Theta genannt, die von 4 bis 8 Herz geht. Genau in diesem Bereich ist unser Unterbewusstsein tätig. Theta erreichen wir nur unter bestimmten Umständen, im Schlaf, während den sogenannten REM-Schlafphasen, nach dem Aufwachen ganz kurz, direkt vor dem Einschlafen und ansonsten nur noch durch Hypnose oder durch Meditation, doch dazu später mehr. Sind wir dann aber wach, steigen aus dem Bett oder greifen zum Smartphone, geht unser Gehirn sofort in den nächsthöheren Bereich über, den wir Alpha nennen. Er hat einen Frequenzbereich von 8 bis 12 Herz. Danach kommt der Bereich, in dem wir uns meistens aufhalten, der Betabereich. Er geht von 12 bis 40 Herz. Es gibt zwar gemäß der neuesten wissenschaftlichen Studien wohl darüber noch die Gammawellen, aber die sind noch komplett unerforscht.[17]

Der Betabereich ist je nach Höhe der Frequenz für verschiedene Bereiche in unserem Leben zuständig. Im unteren Frequenzbereich sind wir einfach nur mehr oder weniger aufmerksam, beispielsweise in einem Meeting, oder hellwach und freudig aufgeregt, wenn wir zum Beispiel einen spannenden Vortrag besuchen. Steigt die Frequenz weiter an, sind wir genervt, weil wir keinen Parkplatz finden in der Innenstadt, oder wenn sie noch höher steigt, sind wir sogar wütend, weil einer uns den letzten freien Parkplatz vor der Nase weggeschnappt hat. Wenn Sie nicht mit dem Auto fahren, können Sie das Beispiel auch auf eine Zugfahrt anwenden. Ich jedenfalls finde nie einen freien Platz, wenn ich mal mit dem Zug unterwegs bin. Je wütender oder frustrierter, desto höher der Frequenzbereich und desto schädlicher für unsere Gesundheit, denn hier kommen nun die Stresshormone ins Spiel, die wir dann ausstoßen. Den Spitzenbereich von 40 Herz oder gar darüber erreichen Sie nur in Situationen, die ich Ihnen nicht wünsche, zum Beispiel bei extremen Angstzuständen oder gar Todesfurcht.

Aber gehen wir nochmal zurück zu dem Bereich, in dem die große Macht liegt, dem Bereich, der das Unterbewusstsein zugänglich macht, Theta. Dieser Bereich wird, wie schon erwähnt, auch während des REM-Schlafs erreicht. REM-Schlaf bezeichnet den Schlafbereich, in dem wir tief schlafen und träumen. REM steht dabei für Rapid Eye Movement (schnelle Augenbewegungen), weil wir unsere Augen unter den geschlossenen Liedern schnell bewegen. Ab dem achten Altersjahr verbringen wir rund zwei bis drei Stunden pro Nacht im REM-Schlaf. Diese Phase bietet die größtmögliche Erholung für unseren Körper und das spürt man auch, denn je fester und tiefer wir geschlafen haben, desto erholter fühlen wir uns. Die Wissenschaft hat auch herausgefunden, dass der REM-Schlaf erst gegen Ende der Schlafphase vermehrt auftritt und wir daher mindestens sechs Stunden Schlaf benötigen, um genügend REM-Phasen zu durchleben.[18]

Das Unterbewusstsein, das in diesen REM-Phasen auch aktiv ist, spielt bei all dem eine große Rolle. Sie erinnern sich, dass ich mich direkt vor dem Einschlafen mit positiven Gedanken und Bildern beschäftigt habe, die ich dann praktisch in meinen Schlaf mitgenommen habe. Auf diese Weise kann ich in dem Moment, in dem ich von der Wachphase in die Schlafphase übergehe, dem Unterbewusstsein direkt Nachrichten zukommen lassen. Das Unterbewusstsein nimmt diese auf und modelliert damit an den unterbewussten Programmen, die unser aller Leben steuern. Die Grundlagen für diese Programme wurden ja einerseits in unserer Kindheit gelegt, in den ersten sieben Jahre, in denen wir nur Informationen aufnehmen und abspeichern. Andererseits lernt unser Unterbewusstsein aber auch durch Repetition. So haben wir gelernt zu laufen, indem wir es immer wieder geübt haben, und heute gehe ich mal davon aus, dass Sie alle nicht mehr bewusst ans Laufen denken müssen, wenn Sie von der Küche ins Schlafzimmer gehen. Auch das Fahrradfahren und das Autofahren haben wir durch Repetition in unserem Unterbewusstsein verankert. Sogar in unserem Beruf sind die meisten Abläufe Wiederholungen, die in aller Regel zu 95 Prozent von unserem Unterbewusstsein übernommen werden.

Allerdings kann unser Unterbewusstsein auch andere Verhaltens-muster übernehmen, solche, die für uns nicht förderlich sind und sich über die Jahre dort verankern. Bei mir bestanden diese Mus-ter daraus, Süßigkeiten zu essen, insbesondere am Abend vor dem Fernseher, jegliche Bewegung zu vermeiden, mit Auto, Bus, Zug oder Straßenbahn zu fahren, Sport als anstrengend und etwas Mü-hevolles zu sehen und so weiter. Ganz besonders die Kombinati-onen von keinem Sport und Süßigkeiten vor dem Fernseher, im Auto, am Arbeitsplatz und wenn immer sich eine Gelegenheit bot, war für mein Übergewicht verantwortlich. All diese Program-me sind, wenn sie einmal in unserem Gehirn verankert sind, sehr stark, und das Heimtückische ist, wir sind uns unserer negativen Handlungen oft gar nicht bewusst, weil wir sie eben unbewusst vollziehen. Genau hier passiert auch ein weit verbreiteter Fehler. Wenn wir uns das Essen von Donuts abgewöhnen wollen, neh-men wir uns das ganz bewusst vor und sagen uns: »Ich werde kei-nen Donut mehr essen, ich werde keinen Donut mehr essen.« Das funktioniert genauso gut, wie das uns allen bekannte Beispiel, bei dem man nicht an einen blauen Elefanten denken soll. Natürlich projiziert unser Gehirn dann jedes Mal einen blauen Elefanten, ge-nauso wie es jedes Mal einen Donut projiziert, wenn wir uns sa-gen, dass wir keine Donuts mehr wollen. Unser Unterbewusstsein versteht nicht, was wir nicht wollen, es versteht nur, was wir wol-len. Dies ist wichtig, denn ich erlebe immer wieder Menschen, die mit dem Gedanken, dass sie ihr Leben nicht mehr ertragen, ein-schlafen. Sie wissen ja jetzt, was Sie damit dem Unterbewusstsein übermitteln.

Wenn ich die Einschlaftechnik in einer Keynote oder einem Semi-nar erkläre, fragen mich die Menschen oft, was sie denn konkret denken sollen, wenn sie einschlafen. Schlafen Sie mit positiven und lebensbejahenden Gedanken ein. Was das ist, kann für jeden Menschen verschieden sein. Da es aber Ihre persönlichen und pri-vaten Gedanken sind, dürfen Sie sich alles vorstellen. Aber wün-schen Sie nicht, sondern stellen Sie sich in einer Situation konkret

vor. Wenn Sie sich manchmal im Gespräch mit anderen Menschen unsicher fühlen, dann stellen Sie sich Situationen vor, in denen Sie selbstsicher und voller Selbstvertrauen agieren. Ob es das nächste Meeting mit Ihrem Chef oder anderen Mitarbeitern ist oder eine Begebenheit im privaten Umfeld, ist egal. Es hilft auch, wenn Sie sich die Situationen, die Sie verändern möchten, aufschreiben, und zwar so, wie es für Sie perfekt wäre. Denn wenn wir uns etwas aufschreiben, produzieren wir automatisch Bilder dazu und es fällt uns dann leichter, diese Bilder vor dem Einschlafen wieder abzurufen, wenn wir sie vorher bereits aufgeschrieben und im Kopf schon einmal produziert haben. Alternativ können Sie das Unterbewusstsein auch etwas fragen.

Vergessen Sie Google und Wikipedia, fragen Sie doch mal sich selbst

Sie müssen wissen, wenn es um die Beantwortung von persönlichen Fragen geht, dann sehen sowohl Google als auch Wikipedia schwach neben Ihrem Unterbewusstsein aus, also neben dem, was Sie alles wissen, von dem Sie gar nicht wissen, dass Sie es gewusst haben. Ich kann Ihre Skepsis spüren, in dem Moment, in dem ich diese Zeilen tippe. Also lassen Sie mich Ihnen folgende wissenschaftlich belegten Fakten präsentieren. Unser Unterbewusstsein kann pro Sekunde bis zu 11 Millionen Sinneseindrücke verarbeiten und speichern.[19] Ja, pro Sekunde, nicht pro Stunde oder Tag, sondern pro Sekunde. Pro Tag sind das rund 16 Milliarden, jeden Tag, und alle diese Eindrücke werden ein Leben lang gespeichert. Es gibt zwar, was die Zahl anbelangt, unterschiedliche Angaben von Wissenschaftlern[20], aber am Ende ist es egal, ob es pro Sekunden 8 Millionen oder 12 Millionen sind, es sind so oder so unglaublich viele.

Ich weiß, einige werden jetzt Mühe haben, das zu glauben, aber stellen Sie sich folgende Situation vor: Sie gehen früh morgens zur

Arbeit, auf dem Weg dahin gehen Sie an einer Bäckerei vorbei, in der das Brot noch so wie bei unseren Großeltern von Hand gebacken wird. Sie betreten die Bäckerei und der Duft von diesem herrlich frischen Brot erinnert Sie sofort an die Zeiten, als Ihre Großmutter damals vor 30, 40 oder 50 Jahren selbst Brot gebacken hat und Sie als kleines Kind in der Küche standen, geholfen haben und es kaum erwarten konnten, bis das Brot aus dem Ofen kam. Die Erinnerung an den Geschmack des Brotes ist noch immer da, nach all den Jahren. Frauen können sich noch nach Jahrzehnten an eine verflossene Liebe erinnern, wenn jemand das Parfüm der Person trägt. Es gibt nicht wenige Menschen, die können sich an den Geschmack von Lebensmitteln oder gar an Musik erinnern, obwohl sie diese nie gehört und die Lebensmittel noch nicht gegessen haben. In der Regel stellt sich dann heraus, dass dies Erinnerungen aus der Zeit sind, als diese Menschen noch Babys waren und die Mutter ein Lied gesungen oder eine Platte immer wieder abgespielt hat. Die Erinnerung ist noch da, nur nicht bewusst, denn bei 11 Millionen Sinneseindrücken pro Sekunde muss unser Gehirn stark filtern, was es uns bewusst vermittelt und was nicht. Von den Millionen von Eindrücken registrieren wir maximal 50 pro Sekunde bewusst, je nachdem wie wichtig diese für uns sind. Ich habe Hunger, mir ist kalt, heiß, warm, ich muss zur Toilette, der Idiot nimmt mir den Vortritt, ich fühle mich gut, schlecht, ich bin nervös, habe Angst oder freue mich, da es gleich Feierabend ist, ich bin traurig, ich bin glücklich, und jetzt bin ich müde… Also, wenn Sie wieder mal darüber nachgrübeln, was Sie mit Ihrem Leben anfangen sollen, wie Sie dieses oder jenes Problem lösen können, denken Sie daran, vor dem Einschlafen Ihr Unterbewusstsein zu fragen. Im Gegensatz zum Bewusstsein hat es sich viel mehr Informationen gemerkt.

Ich habe das damals auch getan, als ich dabei war Gewicht zu verlieren. Ich habe Fragen gestellt. Ich fragte: »Was kann ich tun, um dauerhaft Gewicht zu verlieren? Wie kann ich mich besser fühlen?« Ich tat das tagelang und erwischte mich dabei, wie ich daran zweifelte, ob es denn etwas nützen würde. Es fiel mir erst auf, dass da offensichtlich etwas vor sich ging, als ich mich mit einem Artikel über die Grundlagen der Ernährung im Internet beschäftigte, der mich so beeindruckte, dass ich ihn ausdruckte und mehrmals las[21], Ich lernte dabei die drei wichtigen Nährstoffe Eiweiß, Protein und Fett kennen. Besonders beeindruckend war für mich der Satz: »Nicht Fett macht uns fett, sondern Kohlenhydrate machen uns fett.« Und das war die Aussage eines renommierten Professors. Dies ist die Art, wie das Unterbewusstsein mit uns kommuniziert. Es klingelt nicht an der Tür und der Nachbar oder ein Freund steht da und sagt: »Du, ich hätte da eine Idee für dein Problem.« Die Dinge kommen unverhofft, unbewusst zu uns, sobald wir uns darauf programmieren. Solche Dinge sind mir von da an noch oft passiert.

Ich erinnere mich auch, dass ich tatsächlich anfing Gewicht zu verlieren, als ich begann, mich anders zu ernähren und dabei auf die großen Drei, Eiweiß, Kohlenhydrate und Fette, achtete. Ich fing an mir vorzustellen, wie ich mit breiten Schultern und schmaler Taille durch die Straßen ging. Seit meiner Kindheit war Supermann mein großes Superheldenidol gewesen. Ich wollte zwar keinen blauen Anzug und kein rotes Cape tragen, aber die Physis von Supermann, die gefiel mir schon, und so schlief ich mit diesem Gedanken ein, während ich immer noch ein Gewicht von rund 120 Kilo hatte. Es war rund eine Woche, nachdem ich diese Technik angewandt hatte, als ich an einem Samstag vom Einkaufen mit dem Auto auf dem Rückweg nach Hause ein verblichenes Schild für ein Fitnessstudio an einem älteren Gebäude entdeckte. Dieses Schild war mir vorher noch nie aufgefallen, obwohl ich dort schon so oft vorbeigefahren war. Ich betrat das Gebäude und eine Viertelstunde später verließ ich es wieder, mit einem Termin für ein Probetraining am nächsten Montag.

Wenn viel weniger plötzlich viel mehr ist

In den nächsten Wochen kaufte ich mir zwei neue Pfannen und ein paar andere Küchenutensilien, denn ich stellte fest, dass ich nicht wirklich viel besaß, womit man kochen konnte. Ich testete auch erste Rezepte aus dem Kochbuch, das ich gekauft hatte. Das erste gelang ganz gut, dann wurde ich übermütig und wollte ein asiatisches Gericht kochen, was gründlich in die Hose ging. Da stand ich nun an einem Samstagabend mit einem asiatischen Gericht, das man seinem schlimmsten Feind nicht wünschen würde, und der Kühlschrank war praktisch leer. Da ich den Tag über im Fitnesscenter gewesen war und davor den Tag im Büro, hatte ich keine Zeit gehabt, vernünftig einzukaufen. Ich dachte mir: »Was soll's? Du hast alles versucht! Das ist jetzt der Moment, in dem du zu McDonald's rüberfährst und im Drive-in was holst. Einmal kann nicht schaden.« Ich überlegte schon, welche Soßen ich zu den Nuggets und den frittierten Shrimps dazu bestellen würde und machte mich bereit. Bevor ich ging, warf ich noch einen Blick in den Spiegel im Bad, denn ich ging nie aus dem Haus, ohne sicherzustellen, dass meine Haare einigermaßen saßen. Wenn an deinem Körper nichts mehr attraktiv ist außer deinen Haaren, dann achtest du wenigstens darauf. Ich machte das Licht an im Badezimmer und stolperte fast über die Waage, die ich bereitgestellt hatte, denn ich wollte mich nun nach drei Wochen am nächsten Morgen mal wieder wiegen. Ich blickte auf die Waage und dachte sofort daran, welchen Einfluss das Fast Food wohl darauf haben würde. Fluchend löschte ich das Licht wieder und schmiss meine Jacke aufs Bett. Nein, verdammt, ich konnte nicht zu McDonald's, sonst würde das am nächsten Tag ein Desaster auf der Waage werden, denn ich wusste, wenn ich einmal in das Schnellrestaurant hineinging, gab es kein Halten mehr. Sauer auf mich selbst ging ich zurück in die Küche. Alles, was ich noch fand, war etwas Lauch und weißer Reis, den ich für das asiatische Gericht gebraucht hätte. Ich durchsuchte das Kochbuch nach einem einfachen Gericht und fand ein Rezept, bei dem ich Reis, Lauch und etwas Fleisch benötigte, doch ich hatte

kein Fleisch mehr. In meiner Verzweiflung begann ich die Fleisch-
stücke aus dem missratenen asiatischen Gericht herauszupicken
und wusch es mit Wasser ab. Danach kochte ich alles nach Rezept,
das Fleisch würzte ich nicht nur, ich marinierte es geradezu, um
den Geschmack und das Wasser wegzubekommen. 30 Minuten
später aß ich zu meiner großen Überraschung etwas, das gar nicht
so schlecht schmeckte und war ganz stolz auf mich, dass ich es geschafft hatte, nicht zu McDonald's zu gehen. Am nächsten Morgen
zeigte die Waage 115 Kilo an. Ich konnte es kaum glauben! Unter
120 Kilo war ich seit Ewigkeiten nicht mehr gewesen und ich hatte nicht gehungert.

In den nächsten Wochen und Monaten verbrachte ich meine Zeit
damit, Bücher zu lesen. Murphy hatte das Interesse in mir geweckt
und ich wollte mehr darüber wissen, wie unser Unterbewusstsein funktionierte. Schnell wurde mir klar, dass ich mich intensiv
mit meinem Gehirn auseinandersetzen musste, denn da fand alles
statt, was wichtig war. Ich entwickelte mich zu einem Profileser,
beschäftige mich mit Speed Reading und verschlang alles, was ich
kriegen konnte. Ich entwickelte immer mehr Techniken, um mein
Unterbewusstsein zu stimulieren und lernte auch Dinge zu visualisieren und ersetzte negative Verhaltensmuster durch positive. Es
war eine spannende und aufregende Zeit für mich und ich spürte
zum ersten Male seit Langem in meinem Leben, dass sich etwas
veränderte, aber diesmal zum Positiven. Dieses Gefühl, mich zu
entwickeln und bei der Lösung eines Problems, das ich schon so
lange mit mir herumtrug, voranzukommen, gab mir ein wunder-
bares Gefühl. Zum ersten Mal seit langer Zeit konnte ich plötzlich
wieder so etwas wie Glück in mir spüren und es fühlte sich so gut
an, dass ich mehr davon wollte, viel mehr.

Inzwischen waren gut zwölf Monate vergangen, seit ich meine
Transformation gestartet hatte, und wenn ich das Resultat nicht
selbst erlebt hätte, so hätte ich es wohl nicht geglaubt. Ich wog
noch 80 Kilo, 45 Kilo weniger als vor gut einem Jahr. Mein Umfeld

rieb sich verwundert die Augen, und Menschen, die mich länger nicht gesehen hatten, erschraken, wenn sie den neuen Simon 2.0 vor sich sahen. Ich war inzwischen fünfmal pro Woche im Fitnesscenter und strampelte wie ein Profi auf allen Cardiogeräten, die verfügbar waren. Ich hatte sogar angefangen zu joggen, etwas, das mir vor einem Jahr noch geradezu lächerlich vorgekommen wäre. Ich war sogar ein ganz passabler Koch geworden, meine Essen plante ich immer mindestens drei bis vier Tage im Voraus. Der Einkauf von Lebensmittel war für mich wie das Umsetzen eines strategischen Plans, um die jeweiligen Nährstoffe in den richtigen Dossierungen zu mir zu nehmen. Die Planung und die Vorbereitung waren dabei das Wichtigste. Danach war das Umsetzen nur noch Formsache. Auch hier fand ich die 95/5-Formel wieder. 95 Prozent bestanden aus der Planung und der Vorbereitung, 5 Prozent aus der Zubereitung und dem Verschlingen der Speisen. Oder anders ausgedrückt: Das Wissen darum, was ich einkaufen und in welchem Verhältnis ich es kochen musste, war das mit Abstand Wichtigste. Es machte 95 Prozent des Erfolges aus.

Hier kommt noch ein anderer Aspekt zum Tragen, der für unser Unterbewusstsein ganz wichtig ist, und zwar die Repetition. Unser Unterbewusstsein lässt sich auch dadurch beeinflussen, dass wir ihm bestimmte Verhaltensweisen immer wieder aufzeigen, beziehungsweise diese so oft wiederholen, bis wir uns daran »gewöhnt« haben. Effektiv ist es aber so, dass unser Unterbewusstsein inzwischen für dieses Verhalten ein Programm angelegt hat, denn das erleichtert es unserem Gehirn, gewisse Aufgaben auszuführen, und somit wird der bewusste Verstand entlastet. Weltweit bekannte Menschen, die sich beruflich mit dem Gehirn und unserem Verhalten auseinandersetzen, wie der bekannte amerikanische Gehirncoach Jim Kwik, stellen immer wieder fest, dass wir in der Regel meistens zwischen 30 und 100 Tage benötigen, um uns ein neues Verhalten anzugewöhnen.[22, 23] Eine Ausnahme machen hier Suchtverhalten, die man sich abgewöhnen will, denn diese können unter Umständen viel länger benötigen.[24]

Aber relativ einfache Dinge, wie sich ein gesundes Frühstück zuzubereiten oder sein Essen zu planen, können innerhalb von 30 bis 60 Tagen so erlernt werden, dass sich dieses Verhalten im Unterbewusstsein einprogrammiert hat. Und hier noch ein Tipp, wie Sie auch auf Ihre Ernährung achten können, wenn Sie nicht zu Hause sind:

 **Tipp: Unterwegs gesünder essen**

Wenn Sie beruflich oft unterwegs sind und wissen, Sie können sich unterwegs nicht optimal verpflegen, so planen Sie dies eben ein und nehmen Ihr Essen mit. Sollten Sie dann einmal an einem geschäftlichen Essen teilnehmen müssen, so ruinieren Sie nichts, nur weil Sie einmal nicht das essen konnten, was Sie wollten. Zudem gibt es auch im Restaurant viele Möglichkeiten, ein Essen gesünder zu gestalten. Fragen Sie, ob die Pommes durch Reis oder Gemüse ersetzt werden können und trinken Sie anstelle von Süßgetränken Wasser. Auf Alkohol kann man sowieso leicht verzichten, wenn man mit einem Fahrzeug unterwegs ist.

Sie werden feststellen, dass man Ihnen oft großen Respekt entgegenbringt, wenn Sie Ihr Essen im Restaurant ein bisschen gesünder optimieren. Ich habe dadurch viele interessante Gespräche erlebt, in denen ich oft feststellen musste, dass mein Gesprächspartner sich auch gerne etwas gesünder ernähren wollte und nachfragte, wie ich das denn so anstellte. Diese Gespräche sind für unser Unterbewusstsein sehr wichtig, denn wir festigen unsere Grundsätze durch das, was wir anderen erzählen, und je öfters wir das tun, umso mehr fühlen wir uns auch verpflichtet, danach zu leben. Ich habe damit jedenfalls sehr gute Erfahrungen gemacht.

Doch so sehr mich mein Umfeld feierte, so war ich doch innerlich bereits mit einem neuen Problem beschäftigt. Denn mein persönlicher Erfolg mit meinem neuen Körper hatte sich bisher noch nicht so auf meine anderen Lebensbereiche ausgewirkt, wie ich mir das vorgestellt hatte. Der Job war so hart und nervenaufreibend wie je zuvor. Wir kamen nicht vom Fleck und drehten uns mit unserem Start-up im Kreis und am Schluss blieb außer viel Aufwand und Energieverbrauch nichts übrig. Wir brauchten einen Investor, aber die bisherige Suche war erfolglos verlaufen.

Ich saß wieder mal an einem Sonntag im Büro und brütete über dem Businessplan, der mir, egal wie ich es auch drehte und wendete, nicht gefiel. Irgendwann hatte ich genug und ging, aber nicht nach Hause, sondern ins Gym! Es waren nur wenige da, unter anderem der Besitzer, mit dem ich ins Gespräch kam. Auch er gratulierte mir zu meinem Erfolg und ich sagte nur: »Ja, aber weißt du, was mich jetzt stört? Es hängt alles ein bisschen herunter an meinem Körper.« In schicken Kleidern, die es nun auch für mich gab, sah das alles sehr gut aus, doch nackt vor dem Spiegel präsentierte sich ein anderes Bild. »Na, das ist ja logisch«, sagte der Gym-Besitzer, »du machst ja auch nur Cardio. Trainiere doch mit Gewichten und baue etwas Muskeln auf, das hilft bestimmt.« Ich schaute ihn an und dachte nur: »Super, warum ist mir das nicht eingefallen?« Also bekam ich noch am selben Tag meinen ersten Plan für ein Training mit Gewichten.

Der Trainingsplan, den ich für den Muskelaufbau bekam, ebnete mir einen neuen Weg. Er zeigte mir klar auf, in welche Richtung ich zu gehen hatte, und er inspirierte mich, einen Trainingsplan für unsere Firma zu kreieren. So sah ich ab sofort den Businessplan nicht mehr als Businessplan, sondern als Trainingsplan für den neuen Weg. Interessanterweise stellte ich dabei fest, dass ich zwar viel Wissen hatte, aber es war einmal mehr die Anwendung des Wissens, mit der ich Probleme hatte. Ich lernte dabei, dass es nicht reicht nur zu wissen. Erst wenn man weiß, wie man dieses Wissen ein- und umsetzt, bringt es uns weiter. Etwas zu wissen und zu wissen, wie man etwas umsetzt, ist nicht dasselbe. Ich wusste ja, dass ich Gewicht verlieren würde, wenn ich meine Kalorien reduzieren würde, aber ich wusste nicht, wie ich das umsetzen sollte. Sobald aus Wissen Verstehen wurde, hatte ich die Möglichkeit, dieses Wissen auch umzusetzen, und damit hatte ich den wichtigsten Teil der Aufgabe schon erledigt. Dass wir im Leben mit unseren Unternehmungen immer wieder scheitern, hat genau damit zu tun. Wir wissen zwar etwas, verstehen aber nicht, wie wir es umsetzen können, und solange unser Gehirn den Unterschied nicht begreift, kommen wir nicht vom Fleck. Hier ist sie wieder, die 95/5-Formel: Die Anwendung, also die Umsetzung von Wissen, macht 95 Prozent des Erfolges aus. Sie können diesen Fakt jederzeit testen. Es gibt so viele Menschen, die uns sagen, was wir tun sollen. Fragen Sie mal nach, wie genau, also nach der Umsetzung, dann wird das Feld der Experten plötzlich deutlich kleiner.

Ich möchte an dieser Stelle gerne noch etwas ergänzen. Auch wenn das Wissen aus meiner Sicht im Vergleich zur Umsetzung nur 5 Prozent ausmacht, so bedeutet es keinesfalls, dass es unwichtig ist. Wissen ist wichtig und je mehr Wissen wir uns aneignen, desto leichter fällt uns in der Regel die Umsetzung. Ich verschlinge Wissen mit großer Begeisterung und lese pro Woche mindestens ein Buch. Doch ich beschäftige mich auch immer wieder damit, wie ich genau dieses Wissen zielbringend in mein Leben und das Leben von anderen Menschen einbauen und dann umsetzen kann, denn sonst wird es wertlos.

Für mich ist Wissen wie frische Lebensmittel. Je mehr ich davon habe, desto mehr kann ich für meine Freunde und Familie davon kochen. Wenn aber die Lebensmittel nicht verwendet werden, dann werden sie irgendwann schlecht und fangen an zu stinken. So verhält es sich mit dem Wissen auch, ganz besonders, wenn man sich so wie ich mit Themen rund um die Hirn- oder Genforschung beschäftigt, denn die Wissenschaft ist nie fertig damit, Wissen zu

beschaffen. Was also gestern noch als richtig eingestuft wurde, kann morgen schon überholt sein. So ging es mir übrigens auch beim Verfassen dieses Buches. Ich habe rund zwei Jahre daran geschrieben. Als ich es bereits fertig hatte und das Manuskript dem Verlag übergeben wollte, stellte sich prompt eine in der Gentechnik verwendete Zahl als nicht mehr konform heraus und ich musste diese anpassen. Dies passiert zwar in der Wissenschaft nicht jeden Tag, aber alle paar Jahre oder Jahrzehnte. In unserem täglichen Leben jedoch, beispielsweise in unserem Beruf, kann es je nach Branche sehr häufig der Fall sein, dass Wissen überholt ist. Bei meiner Zusammenarbeit mit Führungskräften machte ich auch hier interessanterweise genau dieselben Erfahrungen. Wer es gewohnt ist, sich Wissen nicht nur anzueignen, sondern auch immer wieder umzusetzen, hat vor neuem Wissen und vor Veränderungen keine Angst. Wer nur Wissen konsumiert und die Umsetzung scheut, der scheut auch die Veränderung. Also seien Sie mutig, lernen Sie Neues und setzen Sie das Gelernte vor allem auch um. Sollte es beim ersten Versuch nicht klappen, versuchen Sie es wieder. Sie haben schließlich auch nicht beim ersten Versuch das Laufen, Fahrrad- oder Autofahren erlernt.

Die Tatsache, dass unser Bewusstsein, dem wir eine so große Bedeutung zukommen lassen, nur 5 Prozent unserer Tageshandlungen ausmacht und das Unterbewusstsein, dem wir sehr wenig Bedeutung zukommen lassen, ganze 95 Prozent ausmacht, ist für mich das Herzstück der 95/5-Formel. Jahrzehntelang hat man das Unterbewusstsein kaum beachtet und den kompletten Fokus auf das Bewusstsein gelegt. Wenn wir nun verstehen, dass beide einander brauchen, aber dem Unterbewusstsein endlich seinen großen Stellenwert zugestehen, haben wir eine ausgezeichnete Ausgangslage für ein glückliches und erfolgreiches Leben geschaffen. Dasselbe gilt auch für unser Wissen.

Etwas zu wissen ist schön, aber es bringt uns noch keinen Schritt weiter; erst wenn wir wissen, wie wir in die Umsetzung kommen, machen wir Fortschritte.

Kapitel 3

Die Art zu denken entscheidet zu 95 Prozent über unsere Resultate

Ich konnte es schon nach ein paar Wochen spüren, Krafttraining, das war mein Ding. Ich fühlte mich danach immer so zufrieden, da ich das Gefühl hatte, wirklich etwas geleistet zu haben. Ich machte zwar immer noch Cardio, aber das Training mit den Gewichten wurde mir immer wichtiger. Ich erinnerte mich daran, dass ich im Alter von 17 Jahren schon einmal kurz mit Gewichten trainiert hatte und damals schnell sichtbare Erfolge erzielen konnte. Diese Tatsache hatte ich bis dahin fast vergessen.

Eines Abends hatte ich wieder einmal einen anstrengenden und frustrierenden Tag im Büro hinter mir. Ein vermeintlicher Investor hatte sich als einer von der Sorte entpuppt, die gut im Reden waren, aber nicht liefern konnten. In den USA sagt man dazu: *money talks, bullshit walks*. Auf dem Weg nach Hause im Auto regte ich mich noch immer über diesen Typen auf und fragte mich, wie bescheuert jemand sein müsse, um all die Zeit zu investieren, Gespräche zu führen und Businesspläne zu lesen, wenn klar war, dass er sowieso kein Geld hatte, um zu investieren. Wir hatten uns in der Geschäftsleitung vorgenommen, beim nächsten potenziellen Investor eine Art Nachweis für vorhandenes Kapital zu verlangen. Mein Frust war so groß, dass ich mir sagte: »Lass das Training heute ausfallen, geh nach Hause und leg dich auf die Couch und entspanne ein bisschen.« Ich wollte nichts mehr sehen und hören, nachdem dieser Tag mit so großen Hoffnungen begonnen und derart enttäuschend geendet hatte. Ich war einfach nur müde, abgekämpft und frustriert.

Kurz bevor ich zu Hause war, führte mich mein Weg wie immer am Fitnesscenter vorbei. Wie ich bereits erzählt habe, konnte man das Schild nicht wirklich gut erkennen, aber nun, da ich seit über einem Jahr dort hinging, stach es mir natürlich jedes Mal ins Auge, wenn ich daran vorbeifuhr. Ich konnte deutlich erkennen, dass Rennie, der Inhaber, vor der Tür stand und in meine Richtung blickte. Er musste wohl mein Auto erkannt haben, denn er winkte. In diesem Moment wusste ich, wenn ich jetzt einfach weiterfuhr, würde er mich beim nächsten Mal fragen, was los gewesen sei und warum ich das Training ausgelassen hatte. Also bog ich ab und fuhr in den Hof, parkte das Auto und ging ins Gym. Meine Motivation war nicht wirklich groß, aber ich wollte das Beste daraus machen. Beim Bankdrücken waren meine Gedanken immer noch beim Gespräch mit dem vermeintlichen Investor und so bemerkte ich gar nicht, dass ich zwölfmal 90 Kilo stemmte. Erst als Rennie mir zu meinem persönlichen neuen Rekord gratulierte, wurde mir bewusst, dass es tatsächlich so war. Diese kleine Episode im Gym drehte meine ganze Stimmung. Ich versuchte mich nochmals an den 90 Kilo und drückte unter seiner Aufsicht diese nun fünfzehnmal nach oben und strahlte, als er mir ein High Five gab.

Als ich eine Stunde später im Auto saß und mich auf den fünfminütigen Heimweg machte, war ich körperlich müde, denn ich hatte alles gegeben, aber ich fühlte mich mental erholt, frisch, und der Frust war weg. Der »Möchtegerninvestor« gehörte der Vergangenheit an und ich nahm mir fest vor, mich am nächsten Tag auf einen neuen potenziellen Investor zu konzentrieren. Ich konnte gar nicht mehr verstehen, wie ich dem Typen so lange so viel Aufmerksamkeit hatte schenken können.

An diesem Abend hatte ich eine ungeheuer wertvolle Lektion für mein Leben gelernt: Sport macht frei, frei von Stress und negativen Gedanken. Ich sage bewusst Sport und nicht Krafttraining, obwohl es das für mich in erster Linie bis zum heutigen Tag ist und hoffentlich für den Rest meines Lebens. Aber ich habe später in

Gesprächen mit anderen Sportlern festgestellt, dass diese dieselben Erfahrungen gemacht haben, egal ob beim Krafttraining, Joggen, Tennis, Fußball, Fahrradfahren oder Squash spielen.

Ich konzentrierte mich nun noch mehr auf meine Fortschritte beim Krafttraining, las weitere Bücher über Ernährung und spielte mit der Eiweißzufuhr, die ich nun Schritt für Schritt erhöhte, um meine Muskeln zu stärken. Nach drei Monaten Krafttraining konnte ich deutliche Erfolge sehen. Selbst erfahrene Kraftsportler im Gym zollten mir Respekt für meine Leistung und ich konnte deutlich spüren, dass ich mich nicht nur körperlich, sondern auch mental fitter fühlte. Auch wenn es geschäftlich nach wie vor nicht wirklich gut lief, der Sport half mir einen Ausgleich zu finden. Es ist also wahr, Sport hilft nicht nur gegen Übergewicht, sondern ist auch gut für unser Gehirn. Die bekannte Neurowissenschaftlerin Dr. Manuela Macedonia hat darüber sogar ein Buch mit dem Titel *Beweg Dich! Und dein Gehirn sagt Danke* verfasst, das 2019 vom österreichischen Buchhandel mit dem Preis Goldenes Buch ausgezeichnet wurde.[25] Die Neurowissenschaftlerin zeigt in diesem Buch deutlich auf, welchen großen Einfluss Sport auf unser Gehirn hat. Stressabbau und ein besseres Gedächtnis sind nur zwei von viele Vorteilen, die der Sport mit sich bringt. Sport ist auch Vorbeugung gegen Depressionen oder Demenzerkrankungen. Für alle diese Aussagen legt Dr. Manuela Macedonia wissenschaftliche Fakten vor[26]. Dabei muss man nicht unbedingt Hochleistungssport betreiben. Regelmäßiger Sport zwei- bis dreimal die Woche hilft uns bereits dabei, unser Gehirn zu stärken.

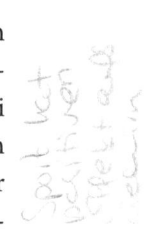

Nun wollte ich natürlich wissen, was denn da im Gehirn passierte, wenn ich mich sportlich betätigte. Ich hatte nämlich bemerkt, dass ich zu vielen Dingen, die ich vorher als normal oder als Gesetz betrachtet hatte, mehr und mehr eine kritischere Haltung einnahm. Musste ich denn wirklich jeden Tag zwölf Stunden und mehr im Büro verbringen, wenn ich erfolgreich sein wollte? Es veränderte sich offensichtlich wirklich etwas in meinem Gehirn und ich wollte jetzt wissen, was diese Veränderungen auslöste. Dazu musste ich weiter in die Prozesse des Denkens eintauchen, denn es waren genau diese Prozesse, die sich bei mir spürbar veränderten.

Und es werde Licht

Ich stellte mir die banale und doch so schwer zu beantwortende Frage: Wie funktioniert eigentlich unser Denken? Dass das Denken im Gehirn stattfindet, haben wir ja inzwischen etabliert, aber was passiert da, wenn wir denken? Von außen kann man ja nichts sehen. Haben wir aber moderne und präzise Messinstrumente, können wir heute das Denken sogar bildlich darstellen, mittels eines sogenannten bildgebenden Verfahrens, doch dazu gleich mehr. In unserem Gehirn befinden sich rund 100 Milliarden Gehirnzellen, die wir Neuronen nennen. Es sind genau diese Neuronen, die sich miteinander verbinden und kommunizieren. Im Grunde genommen ist es eine Mischung aus chemischer und elektrischer Aktivität, die das Denken ermöglicht. Die Verbindung findet durch elektrische Schwingungen zwischen den Neuronen statt. Genauer ausgedrückt erfolgt der Austausch von chemischer und elektrischer Aktivität nicht in den Neuronen, sondern an den Synapsen, die mit den Neuronen verbunden sind. Dabei wird sehr viel Energie verbraucht, denn obwohl unser Gehirn nur rund 2 Prozent unseres Körpergewichtes ausmacht, verbraucht es bis zu 25 Prozent der täglichen Kalorien.[27] Keine anderen Zellen in unserem Körper benötigen auch nur annähernd so viel Energie, nicht mal unsere Muskelzellen.

Wir können das Denken heute also sogar sichtbar machen, denn Elektrizität, welche die Schwingungen erzeugt, kann gemessen werden, und die elektrischen Impulse werden in Farben umgewandelt. Somit können wir mittels Messelektroden, die außen am Kopf angebracht werden, unser Gehirn beobachten, während wir es mit verschiedenen Informationen füttern. Ich habe solche völlig bedenkenlosen und ungefährlichen Hirnscans selbst gemacht und war völlig fasziniert von der Technik und den Ergebnissen. Man erfährt Dinge über sich, die bis vor Kurzem zu den großen Geheimnissen der Menschheit gezählt haben. Diese Erkenntnisse haben meine Sicht auf viele Dinge grundlegend verändert. Ich werde Ihnen später dazu noch mehr erzählen.

Mit den bildgebenden Gehirnscans hatte ein neues Zeitalter in der Erkundung des menschlichen Gehirns Einzug gehalten. Doch der Weg dahin war ein weiter. MRT, also Magnetresonanztomografie (oder MRI im Englischen), ist die bei uns übliche Bezeichnung dafür. Manchmal hört man auch den Begriff Kernspin oder Kernspintomografie. Sie alle bedeuten mehr oder weniger dasselbe, nämlich ein Verfahren, mit dem eine Untersuchung von Körpergewebe, beispielsweise des Gehirns, mittels Magnetfeldern bildlich sichtbar gemacht werden. Das theoretische Wissen rund um die Magnetresonanz war bereits in den 50er-Jahren des letzten Jahrhunderts bekannt. Doch es gab keine entsprechenden Maschinen dafür, um dieses Wissen zu testen und anzuwenden.

Die Entwicklungen rund um die Magnetresonanz, insbesondere das Verfahren für die Bildgebung dazu, wurden in den 60er- und 70er-Jahren größtenteils in deutschen Laboren vorangetrieben. Doch während man in Deutschland forschte und entwickelte und testete und weiter forschte, hatte in den USA ein Mediziner namens Raymond Damadian 1974 mit seinem letzten Geld ein Patent für ein Verfahren angemeldet, welches mittels Magnetresonanz bei einem Ganzköperscan Krebs aufzeigen sollte. Allerdings beinhaltete sein Patent noch kein bildgebendes, sondern ein bildloses Verfahren. Das Patent brachte ihm auch kein Geld ein, denn kurz darauf wurden die ersten bildgebenden Verfahren auf den Markt gebracht und machten die Erfindung von Damadian somit obsolet. Damadian aber, ganz Amerikaner, gab nicht auf und machte geltend, dass er der eigentliche Erfinder sei und die bildgebenden Verfahren teilweise seine Patentgrundlagen benutzen würden und somit sein Patent verletzten. Er ging sogar so weit, dass er behauptete, dass ohne seine Grundlagen die weiteren Forschungsergebnisse gar nicht möglich gewesen wären. Seine Hartnäckigkeit zahlte sich aus und er erstritt sich mehr als 100 Millionen Dollar von verschiedenen Herstellern von Kernspintomografen.[28] Sein eigenes Patent wurde bis heute nie klinisch getestet und nie angewendet, aber seine Hartnäckigkeit, heute würde man dazu Mindset sagen, hat ihm ein sehr angenehmes Leben beschert.

Während MRT nach wie vor für die Krebsforschung benutzt wird, hat sich die Untersuchung des Gehirns und insbesondere die Technik zu dessen Erforschung verlagert. Die großen Durchbrüche sind Wissenschaftlern dank neuster Computertechnologien gelungen. Die Qualität der Bilder ist dabei nicht mehr nur einfach bildgebend, sondern fotorealistisch! Eine der faszinierendsten Grundlagen dieser neuen Techniken stammt aber diesmal nicht aus der Medizin, sondern aus der Unterhaltungsbranche, genauer gesagt aus Hollywood. Ja, aus dem Hollywood, wo die aufwendigen Blockbuster kreiert werden, die uns mit ihren technischen Errungenschaften immer wieder in Erstaunen versetzen. Dort wurde vor ein paar Jahren eine Software entwickelt, die sich *Physically Based Rendering* nennt. Dabei werden Lichtstrahlen rechnerisch der Umgebung angepasst und je nachdem, ob ein Lichtstrahl direkt oder indirekt trifft, wird ein unterschiedlicher Effekt erzeugt. Diese Software aus den USA, die für Filme und nicht für die Medizin gedacht war, reichte allein aber für die modernen Gehirnscans noch nicht aus. Erst durch die Anreicherung von medizinischen Daten, die Wissenschaftler vom Fraunhofer-Institut in Bremen hinzufügten, sind daraus faszinierende Livebilder eines aktiven Gehirns entstanden.[29] Diese Bilder lieferten komplett neue Einsichten in das komplexe und unglaublich raffinierte Gebilde unseres Gehirns. Sie brachten Licht an Stellen, die lange Zeit im Dunkeln lagen, sodass man über die Vorgänge dort nur spekulieren konnte. Dennoch sind rund 90-95 Prozent der Funktionen des menschlichen Gehirns noch weiterhin nicht erforscht[30].

Allerdings ist die Wissenschaft heute in der Lage, Zusammenhänge im menschlichen Gehirn zu erkennen, die noch vor Kurzem unbekannt waren. So weiß man heute, dass es nicht unbedingt die linken oder rechten Gehirnhälften sind, die für analytisches oder kreatives Denken verantwortlich sind, sondern dass diese beiden Hälften eng zusammenarbeiten. Bei praktisch allen Aktivitäten nutzen wir beide Bereiche des Gehirns und es gibt in dem Sinne auch keine Menschen, die deutlich mehr mit der linken oder rechten Gehirnhälfte arbeiten. Dank der neuen bildgebenden Verfahren konnte auch mit der oft verbreiteten Idee aufgeräumt werden, dass wir nur 10 Prozent unseres Gehirns nutzen würden. Wir alle nutzen alle Regionen unseres Gehirns und somit 100 Prozent.[31] Wie effektiv wir diese Regionen nutzen, ist von Mensch zu Mensch unterschiedlich. Tatsache ist sicher, dass die meisten Menschen sich nicht bewusst sind, welch gewaltiges Geschenk der Natur sie da mit sich herumtragen und was sich damit alles verrichten ließe, wenn man es denn nur richtig nutzen würde. So gesehen kann man natürlich argumentieren, dass wir nur einen Teil des Potenzials von unserem Gehirn nutzen. Zumal wir heute auch wissen, dass wir die neurologischen Verbindungen in unserem Gehirn immer wieder neu konstruieren können und selbst im hohen Alter von über 80 Jahren in der Lage sind, neue Gehirnzellen zu schaffen.[32] Es ist also egal, in welchem Alter Sie sind, Ihr Gehirn kann ähnlich wie ein Muskel jederzeit immer wieder trainiert werden und seine Leistungsfähigkeit dadurch deutlich erhöhen.

Eines der großen Probleme im Zusammenhang mit unserem Gehirn ist oft dessen einseitige Nutzung! Viele von uns sitzen an einem Schreibtisch, im Auto oder führen Arbeiten aus, bei denen wir uns auf bestimmte Punkte und Bereiche direkt vor uns konzentrieren müssen. Dabei nutzen wir in unserem Gehirn fast ausschließlich den präfrontalen Cortex. Er bildet das Denkzentrum unseres Gehirns und sitzt gleich hinter der Stirn. Durch diese einseitige Nutzung kommt es schließlich zur partiellen Überbelastung unseres Gehirns. Das Ganze wird nach der Arbeit nicht besser. Wieder sitzen wir, diesmal im Zug, im Bus oder in der Straßenbahn, um nach Hause zu gelangen und starren auf unser Smartphone. Oder wir sitzen im Auto und starren auf die Straße. Zu Hause angekommen tauschen wir den kleinen Smartphone-Bildschirm gegen den größeren TV-Bildschirm oder den Desktop ein und wieder starren wir direkt vor uns hin. Die Überlastung des präfrontalen Cortex nimmt kein Ende und wir wundern uns dann, warum wir keine Lust und Motivation oder gar Kopfschmerzen haben.

Genau hier bekommt der Sport eine enorme Bedeutung für unser Gehirn und unser Wohlbefinden. Gehen wir zum Sport, verlagern wir die Belastung des Gehirns in sein Bewegungszentrum, was nicht nur andere Bereiche aktiviert, sondern auch den präfrontalen Cortex entlastet, denn während des Sports fordern wir sehr viel Leistung aus verschiedenen Bereichen unseres Gehirns und das Denkzentrum arbeitet nur auf minimaler Leistung. Bewältigen Sie mit dem Fahrrad mal eine Steigung, oder spielen Sie intensiv Squash, und versuchen Sie gleichzeitig eine Rechenaufgabe zu lösen. Sie werden schnell merken, dass Ihre Denkfähigkeiten stark eingeschränkt sind. Sport macht also genau den Bereich im Kopf frei, den wir tagsüber hauptsächlich beanspruchen: unser Denkzentrum im präfrontalen Cortex.

Je intensiver wir Sport betreiben, desto größer ist die Entlastung für das Denkzentrum. Eine Stunde Squash oder Tennis hat nicht denselben Effekt wie ein gemütlicher Spaziergang, gegen den aber per se auch nichts einzuwenden ist. Des Weiteren werden beim Sport große Teile des Gehirns besser durchblutet, was die Konzentration von stressbedingten Botenstoffen wie Cortisol, Adrenalin und Noradrenalin im Gehirn stark verringert. Dies alles führt im Endeffekt dazu, dass sich in unserem Gehirn andere Strukturen bilden können. Ein Gehirn, dass mit Stresshormonen übersät ist, was leider bei sehr vielen Menschen der Fall ist, kann neue Inputs gar nicht verarbeiten, da die Kapazitäten dafür nicht vorhanden sind. Ein Gehirn, dessen Hormone sich in einem gesunden

Gleichgewicht befindet, ist für neue Denkansätze, neue Ideen und Lösungen offen. Die Wissenschaft zeigt auch auf, dass Menschen, die sich regelmäßig bewegen und sportlich aktiv sind, nicht nur glücklicher sind, sondern auch über ein leistungsfähigeres Langzeitgedächtnis verfügen.[33]

Sie sehen also: Sport macht glücklich und frei und nun wissen wir sogar auch warum.

Es ist alles immer unser Fehler

Ich würde an dieser Stelle gerne mal wieder meine 95/5-Formel einbringen, denn wenn ich mich mit meinem heutigen Wissen mit Menschen unterhalte, dann kann ich sagen, dass von 100 Menschen vielleicht fünf ein Grundwissen über unser Gehirn haben und dieses Wissen auch nutzen. Wenn Sie jetzt denken, dass sich das gut mit der Tatsache verträgt, dass etwa 5 Prozent der Menschen ein sehr gutes bis exzellentes Leben führen, dann sind das in erster Linie Ihre Gedanken, aber ich werde Ihnen bestimmt nicht widersprechen.

Gleichzeitig werde ich hier nochmals darauf hinweisen, dass dies alles nichts mit Intelligenz zu tun hat, denn jeder kann lernen, wie unser Gehirn und das Denken funktionieren, ganz egal, wie hoch sein IQ ist. In meinem Leben hat das Wissen rund um unser Gehirn, unser Denken und wie alles mit unserem Körper verbunden ist, einen gewaltigen Unterschied ausgemacht. Meine Transformation von einem stark übergewichtigen lustlosen Menschen zu einem sportlichen, positiven und motivierten Menschen mit einem großen Appetit nach Wissen hat mein Leben um 180 Grad gedreht. Wo vorher Wolken und Regen hingen, scheint heute die Sonne an einem blauen Himmel über Palmen. Sogar während ich an diesem Buch schreibe, sitze ich im November am Strand bei 28 Grad. Zuvor in diesem Jahr war ich bereit in Kairo und habe die Pyramiden bestaunt. Danach habe ich wieder mal die herrliche Stadt Venedig besucht. Kurz darauf bin ich mit meiner Frau von Zürich zuerst nach Miami, danach nach Dubai und letztendlich nach Bali geflogen, in das ich mich sofort verliebt habe. Im Spätsommer waren wir dann noch zusammen mit Freunden in Marbella, im Süden von Spanien, und jetzt sitze ich wieder am Meer, während ich unter dem großen Sonnenschirm in die Tasten haue. Warum erzähle ich Ihnen das alles? Nun, nicht um anzugeben, bitte verstehen Sie mich nicht falsch, aber ich bin allein in diesem Jahr mehr gereist als in meinem früheren Leben in zehn Jahren. Ich hätte mir das alles nie vorstellen können, nicht weil ich keine Fantasie hatte, sondern weil mein Gehirn nicht auf ein solches Denken, ein solches Leben programmiert war.

Ich bin nicht anders als Sie. Was ich kann, können Sie auch. Es ist so einfach wie das Verwenden eines PCs. Den Unterschied macht nicht der Anwender, sondern den machen die Programme, die wir nutzen. Wenn Sie ausschließlich mit Word arbeiten, wird es schwierig, Tabellen und Kalkulationen zu erstellen. Gewisse Dinge wie rechnerische Funktionen sind in Word sogar unmöglich. Installieren Sie aber Excel und lernen es zu bedienen, werden Sie schnell merken, dass Tabellen und rechnerische Funktionen zu verknüpfen ziemlich einfach ist. Genauso ist es mit unserem Leben und unserem Denken auch. Versuchen Sie zu verstehen, dass es nicht das Leben oder die Umstände sind, die Sie am Weiterkommen hindern, sondern einzig und allein Sie selber, oder genauer gesagt, Ihre Programme, die unbewusst Ihr Denken beeinflussen. Sobald Sie anfangen, Ihr Denken infrage zu stellen und zu analysieren, werden Sie feststellen, dass Sie immer wieder aufgrund derselben Denkmuster, derselben Programme Ihres Denkens im Leben scheitern. An dieser Stelle hilft uns das Bewusstsein sehr, auch wenn es nur zu 5 Prozent in unsere Tageshandlungen integriert ist.

>  **Tipp: Werden Sie sich Ihrer Denkmuster bewusst.**
>
> Sie werden schnell feststellen, dass Sie immer mit dem gleichen Muster auf bestimmte Situationen reagieren. Notieren Sie diese Muster in Ihrem Notizbuch oder Smartphone. Gibt es eine Person in Ihrem Leben, die Sie immer wieder auf die Palme bringt, oder eine bestimmte Situation am Arbeitsplatz oder in Ihrer Beziehung, die Sie wahnsinnig macht? Egal was und wo es ist, ich habe eine Neuigkeit für Sie: Der Fehler liegt nicht bei dieser Person, egal wie nervig sie sein mag, und er liegt auch nicht an der Situation. Der Fehler liegt immer bei uns!

Ja, Sie haben richtig gelesen: Der Fehler liegt bei uns!

Wir sind es, die sich über diese Situation oder Person aufregen.

Wir produzieren diese Gedanken, welche innerhalb von Millisekunden die Hormone in unserem Körper produzieren, die uns auf die Palme bringen und uns mit schlechten Gefühlen und negativen Emotionen zurücklassen.

Wir sind es, die diese Programme immer und immer wieder abspielen.

Wenn wir aber der Auslöser für die Probleme sind, können wir aber auch der Erlöser sein, indem wir die Programme wechseln. Es geht auch nicht darum, dass wir uns nie mehr aufregen dürfen oder anderen alles durchgehen lassen sollten. Das Problem, wenn uns jemand oder eine Situation auf die Palme gebracht hat, ist, dass wir in dieser negativen Situation verbleiben! Eine Kollegin am Arbeitsplatz ist schnell vor Ihnen in die Pause verschwunden, sodass Sie mal wieder derjenige waren, der die große Lieferung entgegennehmen und alles allein wegräumen mussten. Immer wieder tut sie das und Sie kochen mal wieder vor Wut. Beim Mittagessen erzählen Sie dann Ihren Kollegen davon und die Gefühle kommen wieder hoch. Selbst am Abend zu Hause erzählen Sie Ihrem Partner von diesem Erlebnis und wieder produzieren Sie diese negativen Gefühle in Ihrem Körper. Am nächsten Morgen ist die Kollegin, die sie gestern so wütend gemacht hat, die Erste, die Sie am Arbeitsplatz sehen, und sofort sind die negativen Gefühle wieder da!

Die Natur sorgt dafür, dass körperlicher Schmerz so schnell wie möglich vergeht, indem sie Wunden heilen lässt. Wir Menschen sorgen dafür, dass seelischer Schmerz möglichst lange hält, da wir die seelischen Wunden immer und immer wieder aufreißen. Je öfter wir das tun, desto mehr wird es für uns zur Normalität, da es von unserem Unterbewusstsein als Programm etabliert wird. Wir müssen uns der Sinnlosigkeit eines solchen Verhaltens bewusst werden und das kann jeder. Das hat nichts mit Intelligenz oder gar dem IQ zu tun, obwohl wir oft gerne genau solche Argumente als Ausreden benutzen. »Die anderen sind halt einfach schlauer als ich, intelligenter, haben einen höheren IQ.« Das höre ich immer wieder. Doch sobald Sie sich mit erfolgreichen Menschen beschäftigen, werden Sie feststellen, dass viele von denen keinen überdurchschnittlich hohen IQ vorweisen können und nicht als intelligent gelten, jedenfalls nicht nach unseren gesellschaftlichen Maßstäben.

Es gibt da diese schöne Geschichte über Thomas Edison, dem Erfinder der Glühbirne, des Grammophons und mehr als 1000 anderen Patenten. Er kam eines Tages mit einem Brief von der Schule nach Hause, den er seiner Mutter übergeben musste. Seine Mutter las den Brief und Klein-Edison fragte: »Mama, was steht drin?«

»Thomas«, sagte seine Mutter, »hör mal zu. Die Schule schreibt, dass du so begabt seist, so klug, dass man dich nicht mehr zusammen mit den anderen Kindern unterrichten kann. Ich werde dich von heute an zu Hause unterrichten.«

Viele Jahre später, als seine Mutter bereits tot war, fand Edison, der inzwischen als der größte Erfinder des Jahrhunderts galt, den Brief von damals wieder und las ihn. Darin stand, dass er in der Schule nicht mitkommen würde, nicht intelligent genug sei, um die Inhalte zu begreifen und mit seinen Fragen den Unterricht stören und aufhalten würde. Aus diesem Grunde könne man ihn nicht weiter unterrichten. Nach heutigen Maßstäben wäre Edison nicht intelligent genug und bei einem IQ-Test hätte er wohl eher bescheiden abgeschnitten.

Henry Ford, der Gründer von Ford Motor Company, besuchte nur für zwei Jahren eine Dorfschule und konnte mehr schlecht als recht lesen und schreiben. Er galt auch aufgrund seiner eher bescheidenen Allgemeinbildung als dumm. Das alles aber hinderte ihn nicht daran, einen der größten Automobilkonzerne der Welt zu errichten.

Dennoch muss ich gestehen, dass ich kein großer Fan davon bin, berühmte Namen für meine Behauptungen anzubringen, denn es ist mir bewusst, dass nicht jeder Facebook oder Microsoft wiederholen kann, obwohl oft genau das behauptet wird. Aber diese Beispiele helfen zu verdeutlichen, worauf ich eigentlich hinauswill.

Warum Sie denken sollten wie Albert Einstein und Elon Musk

Es wurde inzwischen belegt, dass die Gehirne von Albert Einstein, Thomas Edison oder Elon Musk, der uns Tesla, PayPal und SpaceX beschert hat, in ihrer Genetik zu 99,6 Prozent mit unseren

Gehirnen identisch sind. Wenn Sie nun wollen, können Sie natürlich mit dem Finger auf die 0,4 Prozent Differenz zeigen, die unter Umständen zwischen den ganz Großen der Geschichte und Ihnen bestehen. Ich würde aber dazu raten, sich auf die 99,6 Prozent zu konzentrieren, die Sie mit allen den Großen gemeinsam haben. Und genau in dieser unterschiedlichen Denkweise liegt der einzig wahre Unterschied zwischen den erfolgreichen und den erfolglosen Menschen.

Was glauben Sie? Hat sich Elon Musk mit all den neuen technologischen Möglichkeiten beschäftigt, bevor er seine Elektroautos über die Welt verteilte, oder mit dem, was alles schieflaufen könnte? Die Antwort liegt auf der Hand: Musk hat sich mit den unglaublich vielen Möglichkeiten auseinandergesetzt und dann schlussendlich einen Plan gefasst. Dass bei der Umsetzung Probleme bewältigt werden mussten, war von Anfang an klar. Für Menschen, die so denken wie Musk, ändert dies aber nichts an den positiven Möglichkeiten, auf die er seinen Fokus legt und über die er in der Öffentlichkeit immer wieder spricht, bis zum heutigen Tag. Hören Sie ihm einmal zu. Er spricht zu 95 Prozent über die faszinierenden Möglichkeiten, die uns mit der Elektromobilität eröffnet werden und zu 5 Prozent über die Hindernisse, die er dabei zu überwinden hat. Ob wir jetzt von Elon Musk oder von Albert Einstein sprechen, dem für lange Zeit nebst einem hohen IQ auch immer wieder ein überdurchschnittlich großes Gehirn nachgesagt wurde. Es sind weder der IQ noch die Größe des Gehirns, die einen Unterschied ausmachen. Von Einstein weiß man inzwischen sogar, dass sein Gehirn eher klein war und auch vom Gewicht her am unteren Rande der Skala rangierte.[34]

Der IQ von Elon Musk ist nicht wirklich bekannt, doch sein Werdegang schon, und er zeigt wie bei Albert Einstein oder Henry Ford und vielen anderen, die zwar nicht berühmt, aber erfolgreich und glücklich sind, dass die Ausbildung auch nicht den großen Unterschied ausmacht. Musk machte einen Bachelor an der University of Pennsylvania, danach ging er nach Kalifornien und meldete sich an der Stanford University zu einem Ph.D-Programm für Applied Physics and Materials Science an. Dieses Studium dauerte für Musk genau zwei Tage, dann schmiss er hin und gründete ein Internetunternehmen.[35] Heute kann Musk keinen teuren oder exklusiven Uniabschluss vorweisen und das muss er auch nicht, denn er beschäftigt viele Mitarbeiter, die eben genau über diese teuren und exklusiven Abschlüsse verfügen. Elon Musk benötigte für seine gewaltigen Erfolge keine teuren Uniabschlüsse oder einen überdurchschnittlichen IQ, ihn zeichnet eine ganz andere Eigenschaft aus, nämlich die, die Dinge anders zu betrachten als alle anderen. Er sieht Möglichkeiten und Potenziale, wo andere nur Probleme sehen. Er schaut sich Produkte und Dienstleistungen an und überlegt, wie man sie effizienter und besser machen könnte. Er wird zu Recht oft auch als Visionär bezeichnet. Als Musk 1995 sein Studium nach zwei Tagen hinwarf und eine Internetfirma gründete, war das schon sehr visionär, zu einer Zeit, in der viele Menschen weder eine E-Mail-Adresse hatten noch sonst Zeit im Internet verbrachten. Doch Musk hatte eine Vision, eine Vorstellung davon, wie sich das Internet entwickeln konnte und war im Jahre 2002 beim Verkauf der Firma PayPal der größte Anteilseigner.[36] Das ist keine üble Geschichte für einen, der sein Studium abgebrochen hatte und nur fünf Jahre später ein Unternehmen für 1,5 Milliarden verkaufte. Wir alle wissen, dass Musk dort nicht verweilte und 2019 mit über 20 Milliarden Vermögen zu den reichsten Amerikanern und den reichsten Menschen auf der Welt gehört.[37] Weder sein IQ noch seine Ausbildung oder die Herkunft, denn Musk kommt aus Südafrika, haben den Ausschlag zu dieser Karriere gegeben, sondern schlicht seine Fähigkeit, die Dinge anders zu sehen. Und das beginnt in unserem Denken oder, genauer gesagt, irgendwann mit einem allerersten Gedanken an eine neue Idee.

Die Fähigkeit, über das Denken nachzudenken, beherrschte wohl keiner so gut wie das Jahrhundertgenie Albert Einstein. Und siehe da, auch er hatte keine glanzvollen Uniabschlüsse. Im Gegenteil, er musste sich für die Einschreibung für ein Studium erst einer Aufnahmeprüfung an einer Schweizer Kantonsschule für die Matura unterziehen und fiel prompt durch. Ja, Albert Einstein schaffte die Prüfung zur Aufnahme an eine Schweizer Kantonsschule nicht. Nach Vermittlungsdiensten eines Professors für Maschinenbau, der von Einsteins Faszination der Naturlehre begeistert war, schaffte er es schließlich an die Kantonsschule Aarau in der Schweiz und legte dort seine Matura ab. Vielleicht haben Sie mal das Gerücht gehört, Einstein sei ein sehr schlechter Schüler gewesen. Das stimmt nicht. Einstein war ein sehr gewissenhafter Schüler, aber einer seiner ersten Biografen hat bei der Durchsicht von Einsteins Maturanoten aus Unwissenheit einen Fehler gemacht. Einsteins Noten waren durchwegs mit der Zahl 6 eingetragen im Maturazeugnis. Jetzt ist aber die Note 6 in Deutschland, wo der Biograf herkam, die schlechteste Note und in der Schweiz, wo Einstein die Matura absolvierte, die beste Note. Einstein war in Deutschland demnach ein Einser- oder in der Schweiz ein Sechserschüler. Da jedoch wohl niemand außerhalb von Aarau die Kantonsschule kannte und Einstein bei seinem folgenden Studium an der Schule für Polytechnologien in Zürich besonders mit zwei Dingen negativ auffiel – er war im Unterricht häufig abwesend, und wenn er da war, fiel er seinen Fachlehrern gerne ins Wort – bekam er nach seinem Abschluss auch keine Anstellung. Auf Vermittlung eines Freundes schaffte Einstein es dann, als technischer Experte dritter Klasse beim Patentamt in Bern eine Anstellung zu erhalten. Doch Einstein zeichnete aus, was erfolgreiche Menschen eben auszeichnet, und das war sein Denken. Zugegeben, sein IQ war bestimmt recht hoch (wie hoch, das weiß niemand so genau, die Angaben darüber schwanken stark[38]). Ich bin mir aber auch ziemlich sicher, Einstein wäre es völlig egal gewesen, wie hoch sein IQ war. Einstein entwickelte seine eigenen Gedanken zu den Dingen und genau das machte ihn zu dem, den wir heute kennen. Er gehört auch zu den ganz wenigen Menschen auf dieser Erde, die jemals etwas wirklich Neues erfunden haben und wurde dafür 1921 mit dem Nobelpreis ausgezeichnet.[39]

Wenn Sie sich jetzt fragen, warum ich mir für diese Ausführungen gerade Albert Einstein und Elon Musk ausgesucht habe, dann ist das eine berechtigte Frage. Diese beiden liegen für mich an den jeweils entgegengesetzten Enden der Messskala und trotzdem verbindet die beiden eine grundlegende Eigenschaft – ihr Denken. Die Art zu denken hat Musk und Einstein zu dem gemacht, was sie heute sind, und so verschieden diese beiden Menschen sind oder waren, so sehr repräsentieren sie die Bedeutung des Denkens. Weder Einstein noch Musk sind anders zur Welt gekommen als Sie und ich. Sie haben sich nur dafür entschieden, anders zu denken und nicht einfach alles zu wiederholen, was uns vorgekaut wird. Das können Sie und ich auch und das wollte ich Ihnen mit diesem Vergleich aufzeigen.

Es geht jetzt auch nicht darum, dass Sie einen Nobelpreis gewinnen müssen oder die Autoindustrie revolutionieren sollen. Es geht mir einfach nur darum, dass wir uns bewusst werden, was wir aus unserem Leben machen wollen. Und am Anfang dieses Prozesses steht immer zuerst unser Denken. Daraus entwickeln wir dann eine Idee und die verfolgen wir dann. So sind alle großen und ganz besonders auch alle kleinen und so enorm wichtigen Errungenschaften in unserer Welt entstanden.

Diese Art zu denken, beschert uns letztendlich die 95/5-Formel bezüglich der Aufteilung des Vermögens.

 Der Unterschied zwischen erfolgreich und erfolglos liegt in der Art, wie wir denken. Denn dort, wo unsere Gedanken sind, da ist unsere Energie, und da, wo unsere Energie ist, da sind unsere Resultate. Wenn Sie jetzt denken »Das kann doch nicht alles sein! Da sind doch noch andere Faktoren im Spiel!«, dann fragen Sie sich doch mal, wie erfolgreich Sie mit Ihrem Denken bisher waren? Sind Sie glücklich? Bezeichnen Sie sich als erfolgreich? Wenn Sie da noch Zweifel haben, egal ob größere oder kleinere, dann ist es jetzt an der Zeit, sich auf eine neue Art des Denkens einzulassen. Albert Einstein und Elon Musk sind nicht anders konstruiert als Sie oder ich, trotzdem haben beide dank ihrer Art zu denken Bemerkenswertes erreicht. Während Einstein bereits ein Teil der Geschichte ist, schreibt Musk noch immer an seiner Geschichte weiter. Einen echten Versuch, einmal anders zu denken, sind wir ganz besonders uns selbst schuldig.

Kapitel 4

Alles im Leben ist die Folge unseres Denkens: 95 Prozent sind Denken, 5 Prozent sind Zufall

Wir wissen nun also, dass wir alle mehr oder weniger dieselben Möglichkeiten haben. Gut, ich akzeptiere, dass es Menschen gibt, die bessere Ausgangslagen haben, weil sie aus einer wohlhabenden Familie kommen oder auf ein Eliteinternat gegangen sind, das ihnen tolle Kontakte für die Zukunft verspricht. Zugegeben, solche Menschen haben es unter Umständen leichter, erfolgreich zu werden, aber erfolgreich zu sein bedeutet ja nicht immer auch glücklich zu sein. Ich habe einige Jahre in den USA gelebt und gearbeitet, zuerst in New York und dann in einer der schönsten und coolsten Städte der Welt, Miami. Während meiner Tätigkeit hatte ich oft auch mit wohlhabenden und superreichen Menschen zu tun. Einige von ihnen waren zwar erfolgreich, aber nicht glücklich. Andere waren nicht nur erfolgreich, sondern auch glücklich und erfüllt. Für mich persönlich wäre es das Schlimmste überhaupt, erfolgreich zu sein, aber mich dabei nicht glücklich zu fühlen. Ich musste so viele Hindernisse überwinden, bis ich endlich Erfolg vorweisen konnte, und wenn wir ehrlich sind, geht es doch schlussendlich darum, dass wir uns dabei gut fühlen und dieses Gefühl stellt sich nur ein, wenn wir glücklich sind und nicht nur erfolgreich.

Sind wir erfolgreich, was nach der allgemein gültigen Definition stark von unserem Einkommen und Vermögen abhängig ist, so können wir uns zwar schöne Dinge wie Autos, Häuser, Schmuck und Uhren kaufen. Das Interessante dabei ist aber, dass für viele Menschen die materiellen Dinge mit steigendem Einkommen immer weniger wichtig werden. Das hat damit zu tun, dass man sich Dinge kauft und sich darüber freut, aber die Freude darüber vergeht meist schneller, als man glaubt, und es wird zur Normalität. Man kauft sich also wieder etwas Neues, damit man sich wieder freuen kann, aber auch diese Freude vergeht wieder, und ehe man sich versieht, ist man in einem Kaufrausch, und je mehr wir kaufen, desto weniger freuen wir uns darüber.

Ich habe mich schon immer für schöne materielle Dinge interessiert, egal ob das Autos, Uhren oder andere Luxusartikel waren. Heute gehören auch Antiquitäten dazu, was gemäß einem Freund aufzeigen soll, dass ich wohl älter werde, aber meine Frau ist zwölf Jahre jünger als ich und interessiert sich auch dafür, also kann ich dieses Argument ausschließen. Heute habe ich ein anderes Verhältnis zu materiellen Dingen, insbesondere Luxusartikeln. Ich bewundere schöne Handwerkskunst, egal ob alt oder neu, habe aber nicht mehr das Gefühl, dass ich alles, was mir gefällt, auch besitzen muss. Ich musste vor Kurzem aufgrund eines Versicherungsfalls alle unsere Gegenstände auflisten. Die Tatsache, dass dabei alle möglichen Dinge zusammenkamen, die ich gekauft und bereits wieder vergessen hatte, regte mich dazu an, mich wieder an all den Dingen zu erfreuen, die ich schon habe. Und das können wir alle tun, egal wie viel oder wenig wir haben.

So einfach es klingen mag, glücklich zu sein beginnt damit, glückliche Gedanken zu produzieren, und das kann bei den kleinsten Dingen beginnen. Wir sind der Auslöser für alles, was in unserem Leben geschieht, sowohl im Guten als auch im Schlechten. Dessen müssen wir uns immer wieder bewusst werden. Gedanken sind wie Samenkörner, die wir in die Erde setzen, und das, was wir säen, ist später das, was wir ernten. Dem Boden ist es egal, ob wir ein tödliches Gift wie Arsen anpflanzen oder wunderschöne Rosen. Dem Gesetz der Natur folgend versorgt der Boden die Saat mit Nährstoffen und lässt sie wachsen. Genauso verhält es sich mit unserem Denken. Die kleinen Samenkörner, die wir im Guten oder im Schlechten immer wieder in unserem Gehirn anpflanzen, wachsen und werden größer. Nun wissen wir aus der Forschung[40], dass wir Menschen eine Tendenz dazu haben, dem Negativen mehr Bedeutung beizumessen. Wir alle kennen das, wir bekommen morgens eine SMS, E-Mail oder WhatsApp-Nachricht, die nicht den Inhalt hat, den wir uns gewünscht hätten. Der Tag ist im Prinzip gelaufen, denn egal was uns sonst noch so alles passiert an diesem Tag, wir sind in Gedanken nur mit dieser einen Nachricht beschäftigt. Dasselbe gilt für einen Disput mit dem Partner, dem Chef oder einem Mitarbeiter am Arbeitsplatz. Egal was es ist, wir lassen es nicht los. Immer und immer wieder gehen wir in unseren Gedanken diese Nachricht oder den Streit durch.

Was aber passiert dabei genau in unserem Gehirn? Bei der negativen Nachricht oder dem Streit haben wir dazu passende negative Gedanken entwickelt, also Samenkörner gesetzt. Dies hat dazu geführt, dass unser Körper die dazu passenden negativen Hormone, die Nährstoffe für die negativen Gedanken, produziert hat, und diese wachsen nun besonders stark dadurch, dass wir das negative Erlebnis immer wieder in unserem Kopf Revue passieren lassen. Der Körper gewöhnt sich daran, die dazu passenden Hormone zu produzieren, wie Cortisol und Noradrenalin, die auch als Stresshormone bekannt sind. Dadurch steigen unser Blutdruck und unser Puls an und wenn das lange genug immer wieder passiert, finden wir uns irgendwann im Wartezimmer unseres Arztes wieder, bei dem wir uns dann über unsere Herz-Kreislauf-Beschwerden und unseren Bluthochdruck beklagen.

Dass wir Menschen die starke Tendenz haben, den negativen Dingen in unserem Leben viel mehr Platz einzuräumen als den positiven, hat mit unserem jahrtausendealten Überlebensinstinkt zu tun, der uns trainiert hat, immer auf das Schlimmste vorbereitet zu sein. Das hatte auch durchaus seine Berechtigung, denn noch vor rund 200 Jahren lag die durchschnittliche Lebenserwartung im heutigen Europa bei weniger als 40 Jahren. Selbst um 1900 herum lag diese noch bei vergleichsweise bescheidenen 46 bis 52 Jahren, je nach Region und Geschlecht.[41] Im Jahre 2020 liegt sie aber jenseits von 80 Jahren und ein Kind, das 2015 geboren wurde, hat gemäß neuesten Erkenntnissen der Zukunftsforschung eine Lebenserwartung von etwa 110 Jahren.[42]

Die Zeiten, in denen wir vor einem Säbelzahntiger oder einem befeindeten Stamm auf der Hut sein mussten, gehören definitiv der Vergangenheit an, und trotzdem rechnen wir meistens noch immer mit dem Schlimmsten, obwohl es dafür logisch gesehen keinen Grund mehr gibt. Wissenschaftler haben dazu, dank der bereits vorgestellten neuen Verfahren zur Beobachtung unseres Gehirns, auch ganz spannende Fakten etabliert. Gemäß dem Hirnforscher Dr. Joe Dispenza treten rund 95 bis 98 Prozent aller Probleme[43], die wir immer wieder täglich in unserem Kopf wälzen, in der Realität nie ein. Das sind ganz schön viele Sorgen, die wir uns machen, im Vergleich zu den wenigen wirklich schlimmen Dingen, die uns tatsächlich widerfahren. Denken Sie mal an all die schädlichen Stresshormone, die Sie Ihrem Körper zuführen, für nichts! Das größte Problem dabei ist, dass unser Körper, ja selbst unser Gehirn nicht zwischen einem effektiven Ereignis und unserer Einildung unterscheiden kann. Wenn wir uns immer wieder vorstellen, dass etwas Schlimmes passieren könnte, so ist das für unseren Körper so, als würde dieses Ereignis andauernd immer und immer wieder eintreffen.

Es geht Ihnen vielleicht so wie mir, als ich das zum ersten Mal gehört habe, und Sie können sich das gar nicht so recht vorstellen. Sie werden einwenden: »Ich weiß doch, was Wirklichkeit ist und was nicht!« Wirklich, wissen wir das? Stellen Sie sich vor, Sie sitzen vor dem Fernseher und schauen sich die finale Staffel Ihrer Lieblingsserie an. Ihr Held hat soeben seine Frau, die Nachbarn, einfach alle Menschen aus dem brennenden Haus gerettet, sogar das Baby, das im dritten Stock schreiend in seinem Bettchen lag, hat er aus den Flammen befreit. Dabei hat er aber sehr viel Rauch eingeatmet, er liegt nun völlig erschöpft am Boden. Er kann kaum noch atmen. Feuerwehr und Rettungssanitäter sind nun auch vor Ort und kümmern sich um alle Verletzten. Man weiß nicht, ob unser Held es schaffen wird. Die Sanitäter versuchen alles, geben ihm Sauerstoff und reden ihm zu. Er ist schwer verletzt, kann kaum atmen und sein Gesicht ist gezeichnet von den Flammen. Irgendwann dreht einer der Rettungssanitäter seinen Kopf zur Frau des Helden und senkt seine Augen auf den Boden. Die Frau schlägt die Hände vor ihr Gesicht und schreit: »Nein, nein! Du darfst nicht sterben!« Sie kniet sich neben ihn auf den Boden, nimmt ihn in die Arme und redet ihm zu, dass sie ihn brauchen würde. Die Frau mit dem geretteten Baby steht hilflos daneben und weint. »Helfen Sie ihm!«, schreit die Frau des Helden und blickt verzweifelt auf die Sanitäter. Die schütteln nur leise den Kopf und senken wieder den Blick. Die Frau blickt mit verweinten Augen auf ihren Mann, auf ihren Helden. Sie begreift nun, er wird es nicht mehr schaffen …

Die meisten Frauen unter uns geben offen zu, dass bei solchen Szenen ein paar Tränen kullern. Bei den meisten Männern ist immer in genau diesem Moment etwas ins Auge gekommen, oder sie mussten niesen, die Nase hat gejuckt, und sie hatten deshalb so feuchte Augen. Tatsache ist, ob wir nun weinen oder nicht, wir sind traurig. Traurig darüber, dass unser Held sterben muss und die Frau allein zurückbleibt. Die Emotionen fließen mitsamt allen Hormone durch unseren gesamten Körper, obwohl wir alle wissen, dass nur eine Sekunde später der Regisseur »cut« geschrien und den Schauspieler, der den Sanitäter spielte, zusammengestaucht hat, weil er sich während der Sterbeszene zu sehr nach vorne gebeugt und dabei immer das Gesicht der trauernden Ehefrau verdeckt hatte. Wir wissen auch, dass unser sterbender Held aufgestanden ist und sich geärgert hat, als der Regisseur sagte: »Das war schon ganz gut, aber ich möchte noch etwas mehr Drama sehen bei dir.

Wir drehen das nochmal.« Kurz darauf hat die Frau des Helden wieder »Nein, nein! Du darfst nicht sterben!« geschrien, und wir wissen am Ende nicht, welche der fünf gedrehten Versionen schließlich für den finalen Schnitt des Films ausgewählt wurde.

Ja, das alles wissen wir, und trotzdem sind wir todtraurig, so traurig, dass wir sogar weinen. Sie sehen also, unser Gehirn und unser Körper funktionieren, als ob der gute Mann tatsächlich gestorben wäre. Der Unterschied zu unserem echten Leben ist nur, dass wir nach dem Film diese Emotionen nicht wieder und wieder durchleben. Mit unseren negativen Erlebnissen im Leben aber tun wir genau dies, manchmal tagelang, manchmal wochenlang, manchmal jahrelang. Das stellt für unseren Körper mit der Zeit eine gewaltige Belastung dar. Wissenschaftler gehen heute davon aus, dass genau dabei die meisten unserer Krankheiten entstehen, denn dies alles erzeugt im Körper in erster Linie Stress. Die Weltgesundheitsorganisation hat Stress vor ein paar Jahren zur größten Volkskrankheit des 21. Jahrhunderts erklärt.[44] Je nach Studie geht man heute davon aus, dass 85 bis 95 Prozent aller Krankheiten, wie Herz-Kreislauf-Erkrankungen, Magen- und Darmprobleme, Bluthochdruck, Schlafstörungen, Depressionen und Burn-out, ihren Ursprung darin haben[45]. Wenn wir uns jetzt nochmal vor Augen führen, dass 95 bis 98 Prozent aller Probleme, mit denen wir uns permanentem Stress aussetzen, nie eintreten, lohnt es sich schon, dass wir uns darüber ein paar Gedanken machen.

Warum tun wir das? Warum gehen wir negative Dinge immer wieder in unseren Gedanken durch? Auch Zurückweisungen und Ablehnung sind Geschehnisse, die wir immer und immer wieder in unserer Erinnerung abrufen. Wir tun alles das, obwohl wir wissen, dass es uns nicht guttut, obwohl wir wissen, dass wir uns dabei nicht gut fühlen. Aber warum tun wir es dann?

Wenn wir Dinge immer und immer wieder tun, gehen diese durch die Repetition in unser Unterbewusstsein über und werden zu einem Programm. Wir tun es also sehr oft, ohne uns dessen bewusst zu sein. Auch Alkoholiker wissen, dass der Alkohol nicht gut ist für sie, trotzdem kommen sie nicht davon los. Ich will keinem hier ein Alkoholproblem unterstellen, aber die wissenschaftliche Wahrheit ist, dass sich unser Körper an die negativen Hormone gewöhnt. Sie werden zu einem vertrauten Zustand für uns. Es geht sogar so weit, dass wir davon anhängig werden. Wir wissen immer, was wir zu erwarten haben, wenn wir negativ denken, und da Veränderung uns immer mit Unsicherheit erfüllt, halten wir gerne an Bekanntem fest, selbst wenn es nicht gut ist für uns. Dasselbe sehen wir in Beziehungen, bei denen psychische oder gar physische Gewalt im Spiel ist. Der leidende Partner verharrt oft sehr lange in der Beziehung, da er so wenigstens weiß, was er zu erwarten hat, denn wir fürchten uns evolutionsbedingt vor einer unsicheren Zukunft. Die prähistorischen Bereiche in unserem Gehirn sind in erster Linie darauf ausgelegt, unser Überleben zu sichern. Also interpretiert unser Gehirn die aktuelle Situation zwar als schlecht, denkt aber, dass die Zukunft sogar tödlich sein könnte, weshalb die gegenwärtige Situation immer noch besser zu sein scheint. Wie wir aber festgestellt haben, ist unsere Zukunft inzwischen ganz gut gesichert, weshalb keine große Gefahr mehr besteht. Doch ein Verhalten, dass ein paar Hunderttausend Jahre gelebt und verinnerlicht wurde, kann nicht in 50 oder 100 Jahren einfach so eliminiert werden. Fakt ist aber, dass wir nicht nur in einer Zeit leben, in der wir zweimal so alt werden wie noch um 1900, sondern auch in einer Zeit, in der die Wissenschaft gewaltige Fortschritte macht und wir heute sogar unser Gehirn beobachten können, während es arbeitet. Die Erkenntnisse, die wir dabei gewinnen, dürfen wir nicht ignorieren. Dies sind wir allein schon dem Gesetz des Fortschritts schuldig und nicht zuletzt ganz besonders auch uns selbst.

Warum positives Denken nicht funktioniert

Die Lösung ist einfach: Wir müssen nur positiv denken, dann wird alles gut. Viele Jahre hat man dieses Mantra weltweit verbreitet und viele glauben auch noch heute daran. In ihrem Kern ist diese Aussage richtig, doch alle, die sich schon einmal damit beschäftig haben, wissen, ganz so einfach ist es doch nicht, und der Erfolg ist oft nicht so vielversprechend wie erhofft. Deshalb gibt es heute viele Menschen, die positives Denken belächeln und solche, die es praktizieren. Wenn man meiner 95/5-Formel vertraut, was die Verteilung des Reichtums oder auch des Glücklichseins anbelangt, dann wird man feststellen, dass positives Denken für die Mehrheit der Menschen nicht funktioniert. Will ich nun damit sagen, dass positives Denken gar nicht funktioniert? Ja genau, das will ich damit sagen. Es funktioniert nicht, jedenfalls nicht so, wie die meisten Menschen, also rund 95 Prozent, sich das vorstellen.

Ich habe vorher erklärt, dass wir unsere negativen Ereignisse gedanklich so oft immer und immer wieder wiederholt haben, bis diese von unserem Unterbewusstsein als Programm abgespeichert wurden. Wenn wir nun anfangen positiv zu denken, so geschieht dies mit unserem Bewusstsein. Wie wir bereits festgestellt haben, trifft die 95/5-Formel ganz besonders auch auf unser Unterbewusstsein und unser Bewusstsein zu. Das Unterbewusstsein ist an allen Tageshandlungen zu 95 Prozent beteiligt, das Bewusstsein, mit dem wir nun positiv denken wollen, nur zu 5 Prozent. Da haben wir keine Chance, gegen die mächtigen 95 Prozent des Unterbewusstseins anzukommen, das immer noch darauf programmiert ist, negativ zu denken. Dies gilt auch für viele unserer anderen Handlungen. Wenn wir diese nicht verinnerlicht haben, wenn diese nicht in unserem Unterbewusstsein verankert sind, dann können wir sie langfristig nicht aufrechterhalten. Es stellt sich also die Frage: Was können wir tun, um positives Denken im Unterbewusstsein zu verankern? Eine Methode kennen Sie schon, nämlich die Einschlaftechnik aus Kapitel 1.

Wir können nicht über positives Denken sprechen, ohne das Thema Visualisierung anzusprechen. Mit Visualisierung ist gemeint, dass man sich Dinge, Situationen oder sein ganzes Leben so vorstellt, wie man sich das erträumt. Es gibt Menschen, die schwören auf Visualisierung und sind überzeugt davon, dass es ihnen hilft, positives Denken zu verinnerlichen. Aus meiner Sicht gilt auch für das Visualisieren dasselbe wie für das positive Denken. Es funktioniert nicht so, wie die meisten sich das vorstellen. Sich hinzusetzen und an etwas Schönes zu denken, hat mit Visualisieren nichts zu tun. Sowas nennen wir Träumerei, und wer das mit Visualisierung verwechselt, der wird diesbezüglich keine Fortschritte erzielen. Visualisierung funktioniert nur in Zusammenhang mit einer starken Emotion. Unser Gehirn liebt positive Emotionen und brennt diese ganz tief im Gedächtnis ein. Wenn ich einen Mann frage, der seit 16 Jahren verheiratet ist, was er am Tag vor seiner Hochzeit gegessen hat, wird er sich nicht mehr erinnern. Er weiß auch nicht mehr, was er am Tag danach gegessen hat. Doch an das Essen am Hochzeitstag erinnert er sich ganz genau. Zuerst gab es einen Sommersalat mit Melonenkugeln, danach eine Rinderkraftbrühe mit Sherry. Dann kam der Hauptgang, Rinderfilet an Portweinsoße und Kartoffelgratin. Zum Dessert gab es auf Wunsch seiner Frau, einer Amerikanerin, Cheesecake mit Himbeersoße. Warum hat sich das Gehirn des Mannes das komplette Hochzeitsmenü gemerkt, weiß aber weder, was er am Tag zuvor noch was er am Tag danach gegessen hat? Er weiß wahrscheinlich nicht mal mehr, was er vor vier oder fünf Tagen gegessen hat. Sie erahnen die Antwort: Es ist die Emotion. Der Tag der Hochzeit war emotional und solche Erinnerungen speichert unser Gehirn als sehr wichtige Ereignisse ab.

Visualisierung erfordert ein bisschen mehr, als nur ab und zu an etwas Schönes zu denken. Man muss die Gedanken mit Emotionen verbinden, dann beginnt das Gehirn diese Emotionen aufzunehmen und abzuspeichern. Der »Trick« besteht bei der Visualisierung darin, dass wir dem Gehirn immer und immer wieder schöne

Situationen in Erinnerung rufen und diese mit positiven Emotionen verbinden. Da diese Situationen aber noch nicht wirklich eingetroffen sind, erkennt unser Unterbewusstsein einen Konflikt und versucht, diesen zu lösen, indem es nach unterbewussten Programmen sucht, um die Situation herbeizuführen. Wer sich jetzt denkt, dass das zu schön ist, um wahr zu sein, und dass das nicht funktionieren kann, der löst den Konflikt des Unterbewusstseins auch auf, nur auf eine andere Art. Wir nehmen den Gedanken die Emotion weg und ersetzen diese durch etwas, was wir Realität nennen, und haben damit auch absolut recht, denn in der Realität hat das, was wir möchten, noch nicht stattgefunden. Meine Erfahrungen mit Visualisierungen jedoch sind andere. Ich habe viele persönliche Beispiele erlebt, in denen die Visualisierung sehr gut, manchmal sogar fast erschreckend gut funktioniert hat. Auch Menschen, mit denen ich arbeiten durfte, haben diese Erfahrungen gemacht.

Visualisierungen lassen sich mit Samen vergleichen, die wir in die Erde pflanzen und bei denen wir dann darauf warten, dass sie wachsen. Es gibt Pflanzen, die wachsen sehr schnell, wie beispielsweise Eukalyptus oder der Riesenbambus, eine Art Seegras, das pro Tag bis zu 40 Zentimeter wachsen kann. Da kann man beim Wachsen sprichwörtlich zusehen. Gemäß einem anderen Sprichwort wachsen ja auch Kraut und Rüben sehr schnell. Doch je nachdem, was wir pflanzen, kann es auch sein, dass wir beim Wachsen nicht zusehen können, dass wir Geduld brauchen, und die fehlt uns oft. Wir sind es gewohnt, heute zu bestellen und morgen die Lieferung zu bekommen, doch das funktioniert bei der Visualisierung nicht immer so. Manche Dinge brauchen länger als andere. Ich habe Ihnen weiter vorne im Buch erzählt, wie ich beim Einschlafen visualisiert habe, ich würde mein Frühstück mit den für unser Gehirn so wertvollen Heidelbeeren einnehmen. Nach zwei bis drei Wochen hatte sich diese Visualisierung materialisiert. Wenn ich jetzt am Abend ins Bett gehe und mir vorstelle, wie ich mit meinem neuen Sportwagen, mit meiner Traumfrau auf dem Sitz neben mir auf meine

Traumvilla zufahre, so sind die Chancen groß, dass die Materialisierung länger dauern wird als zwei bis drei Wochen. Doch Geduld ist nicht das einzige Problem bei der Visualisierung. Oft versuchen wir, zu viele Dinge auf einmal zu verändern, was für unser Unterbewusstsein verwirrend sein kann. Nehmen Sie sich stattdessen wirklich Zeit und überlegen Sie, was der nächste und beste Schritt in Ihrem Leben wäre. Sie müssen dem Leben und sich selbst auch eine faire Chance geben, Ihre Vorstellungen zu materialisieren. Wenn Sie jetzt von der Fürsorge leben, macht es wenig Sinn, sich Ihr neues Leben auf einer 100-Millionen-Dollar-Yacht vorzustellen.

Tipp: Visualisieren Sie Ihr Traumziel

Stellen Sie einen Plan auf. Erstellen Sie ein sogenanntes Vision Board, also eine Art Collage davon, wie sich Ihr Leben entwickeln soll. Lassen Sie Ihrer Kreativität freien Lauf, und suchen Sie nach Bildern, die Ihr Traumauto, Traumhaus, Traumboot oder gar Ihre Trauminsel zeigen. Kleben Sie alles auf oder erstellen Sie das Ganze auf Ihrem PC. Aber sorgen Sie dafür, dass es nicht einfach wild durcheinander gewürfelt ist. Erstellen Sie einen Weg, einen logischen Ablauf, den auch Ihr Unterbewusstsein begreifen kann. Werden Sie sich klar darüber, was für finanzielle Ansprüche Sie an sich und an Ihr Leben stellen. Die Aussage oder der Wunsch »Ich will viel Geld verdienen oder besitzen« ist für Ihr Unterbewusstsein nicht greifbar. Wie viel ist viel? Das ist ein wichtiger Punkt, denn die Dinge müssen auch für Sie fassbar sein.

Wenn Ihre Visualisierung vorsieht, dass Sie im nächsten Jahr 100 000 Euro machen möchten oder 300 000 Euro und danach vielleicht 500 000, dann haben Sie klare Vorstellungen. Wenn Sie jetzt 50 000 Euro verdienen und sich fragen, wie das denn funktionieren soll, dass Sie plötzlich zu 200 000 kommen, dann stellen Sie die falsche Frage. Nicht nur das. Sie stellen die Frage auch, bevor Ihr Unterbewusstsein überhaupt darauf antworten kann. Sie kennen bestimmt auch solche Menschen, die einem eine Frage stellen, und bevor man antworten kann, geben sie die Antwort bereits selbst. Solche Menschen nerven uns und es ist wichtig, dass wir beim Visualisieren nicht dasselbe tun. Stellen Sie sich vor, wie das Geld auf Ihrem Konto in monatlichen Zahlungen eintrifft, und entwickeln Sie die entsprechenden Emotionen dazu. Spüren Sie die Freude, spüren Sie, wie die Euphorie über den Erfolg, so viel zu verdienen, über Sie kommt. Gehen Sie in diesem Gefühl richtig auf. Ganz besonders, wenn Sie es in den Schlaf mitnehmen, werden sich die erstaunlichsten Träume daraus entwickeln, und wenn Sie das realisiert haben, dann wissen Sie, dass die Pflanze, die Sie gesetzt haben, wächst. Geben Sie der Pflanze, der Visualisierung, nun die Zeit zu wachsen. Geben Sie ihr Wasser, in unserem Fall sind das Emotionen, und schauen Sie täglich nach der Pflanze beziehungsweise der Visualisierung.

Ich habe mir mit der Visualisierung lange Zeit schwergetan, weil ich zu sehr Realist war und mich dann als Träumer gefühlt habe. Ich weiß, dass es vielen Menschen so geht. Besonders wenn man in einer Kultur aufgewachsen ist, die dafür plädiert, dass man mit beiden Füßen auf dem Boden bleibt, dass man realistisch ist und sich bewusst macht, dass das Leben schließlich kein Wunschkonzert ist. Und nun sollen wir also genau das tun, wovor uns unsere Eltern und Großeltern uns gewarnt haben, nämlich ein Wunschkonzert zu veranstalten? Aber wir wissen heute Dinge, die wir noch vor ein paar Jahren nicht gewusst haben, also ist es auch in Ordnung, Dinge zu tun, die wir bisher noch nicht getan haben.

Für mich war tatsächlich die Veränderung meines privaten und in einem zweiten Schritt meines beruflichen Umfeldes eine ganz wichtige Etappe. Plötzlich von Menschen umgeben zu sein, die von Visualisierung mit einer Selbstverständlichkeit gesprochen haben wie andere vom Wetter, war für mich ein ganz wichtiger Faktor, an die Visualisierung glauben und vor allem in die Visualisierung vertrauen zu können. Sobald man erste Erfolgsgeschichten nicht mehr nur in Büchern oder im Internet liest, sondern von Betroffenen hört, und das Resultat nun direkt vor sich hat, verändert sich die Wahrnehmung. Dinge, die uns vor Kurzem noch seltsam erschienen sind, werden plötzlich zur Normalität. Doch es geht nicht nur um das Umfeld, denn wir können uns dieses nicht immer so zusammenstellen, wie es ideal für uns wäre. Daher ist es wichtig, dass nicht das Umfeld unsere Gedanken beeinflusst, sondern unsere Gedanken unser Umfeld beeinflussen, und das bedarf eines starken und strukturierten Mindsets. Dafür möchte ich Ihnen an dieser Stelle gerne einen Tipp mitgeben, der Ihr Mindset so stark machen kann, dass Sie tatsächlich Ihr Umfeld beeinflussen und nicht andersherum!

Unser Tag beginnt in der Regel damit, dass der Wecker klingelt und wir mehr oder weniger erholt aus dem Bett steigen, denn öfters haben wir nicht so gut geschlafen, wie wir uns das wünschen würden. Ich hatte viele Jahre Probleme mit meinem Schlaf. Zuerst war dies auch noch durch mein Übergewicht bedingt. Mit 45 Kilo zu viel auf den Rippen gibt es nicht viele bequeme Schlafpositionen. Später jedoch bemerkte ich, dass dies wohl nicht das einzige Problem war. Die Qualität unseres Schlafs hat viel damit zu tun, was wir die letzte Stunde vor dem Schlafen tun. Liegen Sie vor dem Fernseher und schlafen beim Film oder vor den Nachrichten immer wieder ein, so simulieren Sie damit genau den Effekt der Einschlaftechnik. Sie bewegen sich zwischen Wach- und Schlafzustand und füttern mit den Informationen aus Ihrem TV-Programm Ihr Unterbewusstsein. Je nachdem, was Sie sich anschauen, kann das für Ihr Unterbewusstsein ziemlich verstörend sein. Wenn wir uns mal bewusst werden, mit welchen Themen sich die meisten Filme, Serien und Nachrichten beschäftigen, dann sehen wir größtenteils Mord, Totschlag, Entführung, Unwetterkatastrophen, Krieg und andere Gewalttaten. Das sind also die Informationen, die wir in unseren

Schlaf mitnehmen. Das also verstehen wir darunter, wenn wir sagen, dass wir es uns auf der Couch gemütlich machen und abschalten wollen. Oder versuchen wir einfach, die eigenen Probleme zu überdecken, indem wir uns Probleme von anderen Menschen ansehen, weil es denen noch schlechter geht als uns? Doch wir sollten uns bewusst sein, dass wir diese Informationen nicht nur mit in den Schlaf nehmen, sondern dass wir mit diesen Informationen auch wieder aufwachen.

Wie Sie mit 30 Minuten einen ganzen Tag gewinnen

Mein Tipp, damit Ihr Mindset stärker wird als das Ihres Umfelds, ist folgender: Wenden Sie einmal mehr die 95/5-Formel an und gewinnen Sie diesmal mit einem Einsatz von nur 5 Prozent die restlichen 95 Prozent. Damit ist in diesem Fall der nächste Tag gemeint, und zwar jeder Tag!

 **Tipp: Optimieren Sie Ihren nächsten Tag am vorhergehenden Abend**

Ein Tag hat 1440 Minuten. Reservieren Sie sich abends 30 Minuten, bevor Sie schlafen gehen. Das sind erstmal nur rund 2,5 Prozent des Tages, so viel sollten wir uns doch wert sein, oder? Gut, dann brechen Sie mal mit Ihrer Abendroutine und schalten Sie den Fernseher und den Laptop aus. Nehmen Sie ein Buch zur Hand, ein Buch, das Ihnen Spaß macht und das Ihnen neue positive Inhalte über das Leben vermittelt. Vielleicht ist es ja sogar dieses Buch. Fangen Sie an zu lesen. Führen Sie sich ganz bewusst positive Inhalte zu, bevor Sie schlafen gehen. Oder führen Sie ein Gespräch mit Ihrem Partner oder Ihrer Partnerin. Sprechen Sie über Ihre Ziele und Vorstellungen von dem, was Sie morgen, nächste Woche, nächsten Monat und die nächsten Jahre erreichen wollen. Schreiben Sie Ihre Wünsche und Träume auf, beschäftigen Sie sich damit. Nutzen Sie erstmal nur 30 Minuten der letzten Stunde vor dem Einschlafen. Damit bereiten Sie sich nicht nur perfekt auf die Nacht vor, sondern bereits auch auf den nächsten Tag. Tun Sie das fünf Tage lang und Sie werden eine deutliche Verbesserung Ihres Schlafs verspüren. Ihre Träume werden sich verändern und Sie werden erholter aufwachen und mit viel mehr Kraft und positiver Energie in den Tag starten, denn nicht nur die letzte Stunde des Tages ist sehr wichtig für uns, sondern auch die erste Stunde des neuen Tages.

Wir alle haben uns damit abzufinden, dass wir unseren Tag in der Regel nicht völlig frei gestalten können. Es gibt schließlich Arbeitszeiten, an die man sich halten muss, und viele andere Verpflichtungen. Am meisten Kontrolle haben wir aber über den frühen Morgen und den späten Abend. Wenn wir uns diese Zeit sichern und nach den 30 Minuten am Abend nochmals etwas Zeit am Morgen für uns ganz privat reservieren, dann gewinnen wir die restlichen 95 Prozent des Tages auch für uns, und das verändert alles. Ich weiß, das klingt anfangs nicht ganz einfach, denn da sind doch die Kinder, die abends ins Bett gebracht werden müssen, und morgens ist man sowieso immer spät dran und hat keine Zeit. Ich kenne das alles auch, aber es ist keine Frage des Zeitmanagements, sondern eine Frage des Energiemanagements. Wenn Sie wirklich anfangen, die erste und letzte Stunde Ihres Tages zu kontrollieren, werden Sie über so viel mehr Energie für Ihren Tag verfügen, dass Sie schnell zu der Überzeugung gelangen werden, dass sich die paar Umstellungen allemal lohnen.

Fangen Sie mit der Umstellung Schritt für Schritt an. Nehmen Sie sich abends 30 Minuten, um in einem guten Buch zu lesen, oder nehmen Sie das Buch mit ins Bett, und lesen Sie, bis Sie müde sind. Am nächsten Morgen stehen Sie 15 Minuten früher auf.

Drücken Sie nicht mehr mehrmals auf die Schlummertaste und schon haben Sie weitere Minuten zusätzliche Zeit für sich. Außer Sie glauben tatsächlich, die Minuten, die Sie durch das Drücken der Schlummertaste herausholen, helfen Ihnen in Ihrem Leben maßgeblich weiter, dann bleiben Sie dabei. Wenn Sie außerdem fest daran glauben, dass die Zeit, die Sie morgens auf Instagram, Facebook und YouTube verbringen, ebenfalls extrem wichtig für Ihr Leben ist, dann bleiben Sie auch dabei. Wenn nicht, werden Sie schnell jeden Tag mehr als 30 Minuten zusätzliche Zeit für sich persönlich und Ihre Lebensziele finden. Ich liebe es, am Morgen kurz zu lesen, idealerweise im gleichen Buch, das ich schon am Vorabend gelesen habe, auch wenn es nur für 10 oder 15 Minuten ist. Es ermöglicht meinem Gehirn einen reibungslosen Übergang und lässt mich sofort wieder an die positiven Inputs vom vorherigen Abend anknüpfen. So banal das klingen mag, aber diese ersten Gedanken, die Sie Ihrem Gehirn am Morgen zuführen, können den Verlauf des gesamten Tages prägen.

Ganz wichtig dabei ist, und das wird wohl die größte Herausforderung für viele sein, dass Sie das Smartphone während der letzten und ersten Stunde des Tages links liegen lassen. Ich habe bei mir festgestellt, dass sich mein Tag viel positiver entwickelt hat, wenn ich am Morgen in der ersten Stunde meine Zeit ohne Smartphone, ohne TV und ohne Internet verbracht habe. Ich nutze mein Smartphone morgens höchstens dazu, mir meine Lieblingsmusik anzuhören, bevor ich in den Tag starte. Wenn Sie anfangen, dies umzusetzen, werden Sie schnell feststellen, dass sich Ihr Denken verändern wird. Die Prioritäten verschieben sich und Instagram, Facebook und das Nachrichten-Update am Morgen werden zur Nebensächlichkeit. Ihre Träume, Ihre Wünsche und Ziele werden zur Hauptsache in Ihrem Leben. Weil sich dadurch die chemische Zusammensetzung der produzierten Hormone in Ihrem Körper verändert, werden Sie sich plötzlich motiviert fühlen, nun endlich zu tun, was Sie bisher vor sich hergeschoben haben. Wir konzentrieren uns auf andere Aspekte in unserem Leben, auf die Dinge, die uns glücklich und zufrieden machen. Und ehe Sie sich versehen, fangen Sie an glücklicher und erfüllter zu sein. Dies wiederum bestärkt Sie, den neuen Weg weiterzugehen, und Stück für Stück kreieren Sie neue unterbewusste Programme. Das ist der Vorteil von Energiemanagement gegenüber reinem Zeitmanagement. Wichtig ist nicht, wann Sie was tun, sondern mit welcher Energie Sie was tun.

Ein guter Freund von mir, der seit Jahren durch berufsbedingten Stress an chronischem Bluthochdruck litt, besuchte einige Coachings und Seminare bei mir, in denen wir uns auch intensiv mit dem System der positiven Beeinflussung in den ersten und letzten Minuten des Tages auseinandersetzten. Irgendwann begann er dieses System Stück für Stück in sein Leben zu integrieren, und als er spürte, dass es ihm gut tat, weitete er es aus und nahm sich nun jeden Morgen und Abend mindestens eine halbe Stunde, die nur ihm gehörte. Kein Internet, kein TV, nur seine Musik, seine Bücher, sein Lieblingsgetränk. Er zündete sogar am Morgen und am Abend eine Kerze an, die seinen Lieblingsduft verbreitete. Als er rund vier Monate später wieder für seine jährliche Routineuntersuchung beim Arzt war, stellte dieser erstaunt fest, dass der Blutdruck deutlich gesunken war. Er fragte ihn, ob er einen anderen Job hätte oder weniger arbeiten würde, was mein Freund beides verneinte. »Haben Sie die Ernährung umgestellt, machen Sie Sport?«, fragte der Arzt weiter, aber auch das verneinte mein Freund wahrheitsgemäß. Der Arzt konnte sich das nicht erklären und mein Freund erst auch nicht. Also beschloss man, dass er für ein paar Tage ein Gerät mit sich herumtragen sollte, das den Blutdruck regelmäßig misst, denn man wollte wissen, ob es sich hier um eine Ausnahme handelte. Schließlich schluckte mein Freund aufgrund des Bluthochdrucks täglich Tabletten. Nachdem sein Blutdruck regelmäßig eine Woche lang gemessen wurde, stellte man fest, dass dieser tatsächlich deutlich gesunken war. Als mein Freund dem Arzt schließlich von seinem System der letzten und ersten Stunde des Tages erzählte, fand der Arzt darin eine für sich

schlüssige Antwort. Dadurch, dass mein Freund sowohl am Abend als auch am Morgen durch sein neues Verhalten deutlich weniger Stresshormone ausstieß, sorgte der tiefere Stresslevel während des ganzen Tages für einen deutlich tieferen Blutdruck. Da er abends bereits viel entspannter und mit weniger Stress einschlief, konnte sich sein Körper auch besser erholen, und so führte eines zum anderen. Seit über einem Jahr hat mein Freund keine Tablette mehr gegen Bluthochdruck zu sich genommen.

Noch ein letzter Tipp für den Start am Morgen: Besorgen Sie sich einen Weckton, den Sie mögen, der Sie sofort an etwas Positives erinnert. Er ist in der Regel das Erste, was Sie am Morgen hören, also achten Sie darauf.

Nur ein Schritt und die Welt ist eine andere

Es ist wichtig zu verstehen, dass, was immer es ist, das wir in unserem Leben ändern möchten, mehr Sport, gesündere Ernährung, eine Weiterbildung, eine feste Beziehung, der Schritt in die Selbstständigkeit, der erste Schritt für jede Veränderung eine Veränderung unseres Verhaltens verlangt. Ich bin immer wieder erstaunt darüber, wie viele Menschen jeden Morgen denselben Weg zur Arbeit fahren, dieselben Menschen sehen, dieselben Dinge tun, sich über dieselben Dinge beschweren, abends nach Hause kommen und dieselben Programme im Fernsehen anschauen und dann um dieselbe Zeit ins Bett gehen, um am Morgen zur selben Zeit wieder aufzustehen, um genau dasselbe wieder von vorne zu beginnen, und sich gleichzeitig dauernd wünschen, es würde sich etwas verändern. Wenn wir ehrlich sind, dann ist dies doch eigentlich die Definition des Wahnsinns: immer wieder dasselbe zu tun und trotzdem darauf zu hoffen, dass sich etwas ändert.

Ich habe es ja schon angesprochen, eine unserer größten unbewussten Ängste ist jene vor der Veränderung und trotzdem sehnen sich viele Menschen genau danach. Dies ist einer unserer großen Lebenskonflikte. Die häufigste Art der Veränderung für uns ist jene, die wir nicht selbst herbeigeführt haben. Es sind jene Veränderungen, die von außen kommen, zu denen wir meistens gezwungen werden. Auch wenn uns unser Job nicht gefällt, anstatt etwas zu verändern, beschweren wir uns lieber jeden Tag, bis eines Tages das Unternehmen den Standort schließt. Wir können entweder im 350 Kilometer entfernten Werk weiterarbeiten, oder wir suchen uns eine andere Arbeit. In diesem Moment sind wir zur Veränderung gezwungen. Das Problem ist jedoch, dass diese Veränderungen von Anfang an von Ängsten begleitet sind und wir daher schnellstmöglich nach einer Alternative suchen und uns gar nicht fragen, ob diese Alternative zu uns passt oder ob sie uns glücklich machen könnte. Finden wir uns dann etwas später wieder in einer neuen Situation, die mehr oder weniger mit der vorherigen vergleichbar oder sogar schlechter ist, fühlen wir uns einmal mehr darin bestätigt, dass Veränderung nicht gut ist, und wir fürchten uns noch mehr davor und hoffen trotzdem weiter auf eine Verbesserung.

Echte Veränderung, Veränderung, die uns glücklicher macht, kann nie von außen kommen. Selbst wenn Sie im Lotto gewonnen haben, ist das noch lange kein Garant für Glück. Immer wieder liest man davon, dass eine große Mehrheit der Lottogewinner das meiste von ihrem Geld innerhalb von fünf Jahren wieder verlieren und unglücklich und frustriert zurückbleiben.[46] Wenn wir aber der bewusste Auslöser für die Veränderung sind, kann Veränderung wunderbar sein. Wenn wir uns klar über das sind, was wir wollen, und nicht nur über das, was wir nicht wollen, dann haben wir eine Grundlage geschaffen, um uns in eine Richtung zu entwickeln, die uns glücklich macht, und wenn wir glücklich sind, lässt der Erfolg meistens auch nicht lange auf sich warten.

Wir haben im ersten Kapitel schon darüber gesprochen, dass es wichtig ist, sich darüber Gedanken zu machen, wer wir wirklich sind. Wir haben nun einiges darüber herausgefunden, wie wir als Menschen funktionieren und welche Auswirkungen unser Denken auf unsere Resultate im Leben hat. Sie erinnern sich auch noch daran, dass wir im zweiten Kapitel festgestellt haben, dass wir als Kinder keinen Einfluss auf die Inputs haben, da diese uns von unserem Umfeld ungefragt vermittelt werden und von unserem Unterbewusstsein ohne Nachfrage aufgenommen und abgespeichert werden. Es ist also jetzt an der Zeit, dass wir uns mal fragen, ob das, was wir tun, auch das ist, was wir wollen. Ob es uns glücklich macht, uns erfüllt und uns eine gute Zukunft bescheren kann, oder ob wir einfach etwas tun, weil es jemand von uns erwartet, oder es angeblich immer schon so bestimmt war, dass wir so leben. Es kann auch gut sein, dass Sie denken, Sie hätten gar keine große Wahl, da wir alle so vielen Zwängen unterliegen. Familie, Job, finanzielle Verpflichtungen, egal was es ist, sollten Sie sich eingeengt fühlen, so ist das normal. Erinnern Sie sich: Wir mögen keine Veränderung, obwohl wir sie uns so oft wünschen.

Stellen Sie sich Ihre Wunschsituation einmal so vor, als ob es diese Hindernisse nicht gäbe. Malen Sie sich aus, was Sie ändern würden in Ihrem Leben. Stellen Sie sich die neue Situation vor und achten Sie darauf, wie Sie sich dabei fühlen. Haben Sie ein gutes oder gar überschwängliches Gefühl bei diesen Gedanken, dann sind Sie mit großer Wahrscheinlichkeit auf dem richtigen Weg. Versuchen Sie nun als Nächstes zu überlegen, welche Etappenziele Sie denn trotz Ihrer aktuellen Situation angehen könnten. Das bringt Sie zwar noch nicht dahin, wo Sie hinwollen, aber es ist ein erster Schritt, und jede Reise, jede noch so kleine Veränderung hat mit einem einzigen ersten Schritt begonnen. Nachdem Sie diesen Schritt gemacht haben, werden Sie feststellen, dass sich durch diesen kleinen Schritt viel mehr verändert hat. Ein Schritt in eine andere Richtung eröffnet uns plötzlich einen anderen Blick auf die Welt, denn unser Gehirn bekommt es mit neuen Kombinationen von Chemikalien und Hormonen zu tun und kann somit neue neuronale Verbindungen erstellen, die vorher nicht da waren. Und das lässt uns unsere Welt, unsere Situation mit ganz anderen Augen sehen.

Als ich mich vor ein paar Jahren mit dem Gedanken trug, Keynote Speaker zu werden, kamen mir mindestens ein Dutzend Gründe in den Sinn, warum das nicht geht. Ich war vor Kurzem in ein großes Haus gezogen und hatte meine diesbezüglichen Verpflichtungen erhöht. Ich hatte mich soeben verlobt und würde bald heiraten, Kindern waren auch geplant. Da war ich doch verpflichtet, für eine sichere und stabile Zukunft zu sorgen und nicht einfach mal was Neues zu versuchen und zu sehen, was passieren würde. Zu diesem Zeitpunkt war ich in meinen Vierzigern und hatte noch nie etwas mit Speaking zu tun gehabt. Und überhaupt, wo sollte man so etwas lernen? Und wer sollte mich dafür bezahlen, dass ich ihm etwas über das Leben erzählte? Wenn ich die Idee ab und zu im Freundes- und Bekanntenkreis mal erwähnte, blickte ich in aller Regel in fragende Gesichter. »Was willst du machen, Key, was Note, reden?« »Du machst doch jetzt schon lange deinen jetzigen Job mit viel mehr Sicherheit, warum willst du denn jetzt etwas anderes machen?« Ja, warum? Dafür hatte ich viele Gründe, aber keine, die mein Umfeld akzeptiert oder geschweige denn wirklich für gut befunden hätte.

Eines Tages hatte ich wieder einmal die Werbung von Gedankentanken gelesen. Das ist eine Agentur, bei der man sich bewerben konnte, falls man ein Keynote Speaker werden wollte. Ich las, dass sich sehr viele bewarben, aber am Ende nur eine Handvoll wirklich auf einer großen Bühne stehen würde. Gedankentanken war und ist das erste Format im deutschsprachigen Europa für Keynote Speaker. Wer damit punkten konnte, einmal dort aufgetreten zu sein, der hatte eine sehr gute Ausgangslage für den weiteren Weg auf dem Speaker-Markt. Obwohl ich eigentlich wusste, dass es nicht der beste Zeitpunkt war, und dass es mindestens ein Dutzend Gründe dagegen gab, die mit einem Wunsch von mir konkurrierten, habe ich die Bewerbung trotzdem ausgefüllt. Ich habe einfach mal einen kleinen Schritt gemacht, der mich noch nichts kostete, kein Risiko barg und mich zu nichts verpflichtete.

Nach ein paar Tagen bekam ich eine E-Mail, in der man mir mitteilte, dass man meine Bewerbung erhalten habe und meine ausgefüllten Inhalte durchaus interessant fand. Ein Mitarbeiter von Gedankentanken würde sich bei mir für ein unverbindliches Gespräch melden, damit man die theoretischen Möglichkeiten mal besprechen könnte. Zwei Tage später sprach ich über eine Stunde mit einem Agenturmitarbeiter am Telefon. Er klärte mich darüber auf, wie die Ausbildung ablaufen würde, sofern ich denn angenommen würde. Damit man dies aber überhaupt beurteilen konnte, musste ich innerhalb von zwei Wochen ein selbst gemachtes siebenminütiges Video einschicken, indem ich von mir erzählte und darüber berichtete, warum genau ich Keynote Speaker werden und meine Inhalte auf der großen Bühne von Gt zum Besten geben wollte.

Das war eine gute Frage. Ich schaltete mein Smartphone ein und fing an aufzunehmen und zu sprechen. Irgendwann realisierte ich, dass mein geplantes Sieben-Minuten-Video bereits 15 Minuten aufzeichnete. Offensichtlich wusste ich, warum ich Keynote Speaker werden wollte, ich musste nur noch einen Weg finden, dies in weniger als 15 Minuten darzustellen. Ich hörte mir also an, was ich da so alles erzählt hatte, strich die Passagen, in denen ich mich wiederholt hatte und fing nochmal von vorne an. Nach gut acht Minuten war ich fertig und übermittelte das Video an Gedankentanken. Während ich auf eine Antwort wartete, fing ich an, auf YouTube Videos von anderen Speakern von Gedankentanken anzuschauen und war fasziniert von den Inhalten, die Speaker wie Tobias Beck, Stefan Frädrich oder Jack Nasher von sich gaben. Sie alle entführten mich in eine völlig neue Welt, eine Welt, erfüllt von Menschen mit positiver Ausstrahlung. Menschen, die etwas zu vermitteln hatten. Menschen, die schwere Zeiten hinter sich hatten, so wie ich auch, und die trotzdem vor positiver Energie fast platzten. Ich spürte genau, das war das, was ich gesucht hatte.

Ich kam aus einer interessanten Branche, die mir viel gegeben hatte, aber ich hatte es immer mit Menschen zu tun, die in ihrem Job größtenteils mit Negativem konfrontiert waren. Jahrelang hatte ich mir im Auftrag von Kunden überlegt, wie man Menschen daran hindert, in Gebäude einzudringen, und zwar jene Menschen, die mit der Absicht kamen, Waren oder Daten widerrechtlich zu entwenden. Oft wurde man auch erst gerufen, wenn der erste Schaden schon angerichtet war, Waren, Daten oder Entwicklungsergebnisse bereits entwendet worden waren und man den Schaden nicht mehr rückgängig machen konnte. Jedenfalls einte alle diese Menschen etwas, und zwar das Negative. Manche hatten persönliche Traumata, da fremde Menschen in intime Bereiche eingedrungen waren. Andere hatten ein berufliches Trauma, denn es ist für keinen Sicherheitschef einfach, dem CEO oder dem Verwaltungsrat zu erklären, wie die Daten oder Entwicklungsergebnisse der Forschungsabteilung gestohlen werden konnten, obwohl er doch genau dafür verantwortlich war, dass dies nicht passieren durfte. Es war eine interessante und lehrreiche Branche, aber auch eine, in der man mehr und mehr darauf konditioniert wurde, dass die Menschen und die Welt, in der wir leben, nur schlecht sind, und ich schien da irgendwie nicht mehr hineinzupassen. Diese neue Welt, die sich mir durch Gedankentanken öffnete, war für mich nicht nur eine Befreiung, sondern auch eine Art Bestätigung, dass die Welt und die Menschen darin doch nicht so schlecht sind, wie »alle«, auch ich, immer behauptet hatten.

Und so war es auch bei mir, dass ein erster kleiner Schritt, den ich mit dem Ausfüllen einer Bewerbung gemacht hatte, mich einen völlig neuen Blick auf unsere Welt erhaschen ließ, und mir gefiel, was ich sah. Ich wollte auch nicht mehr zurück, das Verlangen war zu groß. Also musste ich nun einen Weg finden, eine Brücke zu bauen in diese neue Welt, auch wenn die Zeit nicht ideal dafür war. Wenn wir aber etwas finden, das zu uns passt, das uns glücklich macht, und wir spüren, das ist das, was wir machen wollen, dann übermitteln wir so viel Information von unserem Bewusstsein an unser Unterbewusstsein, dass dies unseren Wunsch praktisch als Befehl aufnimmt und anfängt, nach Lösungen zu suchen. Wir gehen mit diesen Gedanken schlafen und wenden die Einschlaftechnik automatisch an. Was dies alles auslösen kann, wissen Sie inzwischen. Und plötzlich sind Sie auf einem neuen Weg. Doch aufgepasst, selbst das stärkste Unterbewusstsein kann die Kritiker nicht zum Verstummen bringen. Man wird Ihnen von allen Seiten von Ihrem Vorhaben abraten. Ich kann Ihnen nur ans Herz legen: Bedenken Sie Ihre Schritte. Sind Sie ein Familienvater und der finanzielle Versorger der Familie, berücksichtigen Sie dies. Gehen Sie in einem Tempo vor, das mit Ihrer Situation zu vereinbaren ist, aber lassen Sie sich nicht vom Weg abbringen. Sprechen Sie sich mit Ihrem Partner und anderen echten Vertrauenspersonen ab, aber wenn Sie auf andere hören, werden Sie nie irgendwo ankommen, außer da, wo Sie schon sind und nicht sein möchten. Die meisten Personen raten Ihnen in der Regel ja auch nicht ab, weil Sie es so gut mit Ihnen meinen. Die haben eher Angst davor, dass Sie tatsächlich erfolgreich sein könnten und schlussendlich dank der neuen Ausrichtung Ihres Lebens auch glücklich werden. Dann würden genau diese Menschen, die Ihnen von der Veränderung abgeraten haben, als Verlierer allein zurückbleiben.

Sind wir mal ehrlich: Die Zeit ist nie ideal für eine Veränderung. Das kann sie gar nicht sein, denn wäre der Zeitpunkt ideal, würde alles stimmen und wir bräuchten keine Veränderung. Was mich betraf, so sagte mir außer meiner Frau und meiner Schwester so ziemlich jeder: »Du hast sie doch nicht alle. Bleib, wo du bist. Da hast du es doch so gut.« Als ob die anderen immer so genau wüssten, wie wir uns fühlen. Ich hatte jedenfalls eine neue Ausgangslage: Die Angst vor einer unsicheren Zukunft war dem großen Verlangen nach dieser neuen und so wunderbar positiven Welt gewichen, denn das Positive überwog die Unsicherheit. Automatisch begann ich nicht mehr nach den Problemen zu suchen, welche die Veränderungen mit sich bringen konnte, sondern ich suchte nach Lösungen. Diesen Weg zu gehen und diese Art zu denken ist der

Unterschied zwischen Erfolg und Misserfolg, zwischen Glücklich-sein und Unglücklichsein, zwischen einem Leben oder einfach einer Existenz. Und sollten Sie es noch nicht wissen: Sie haben jedes Recht darauf, ein echtes Leben zu leben und nicht einfach nur zu existieren. Ich behaupte sogar, Sie sind es sich schuldig, ein echtes Leben zu leben.

»Gut geplant ist halb gewonnen« lautet ein berühmtes Zitat. Ich sehe das auch so, ganz besonders im Hinblick auf unser Leben. »Steter Tropfen höhlt den Stein« sagt ein anderes Sprichwort, und auch da bin ich einverstanden. Wenn wir es schaffen, unseren Tag immer wieder optimal zu beginnen und zu beenden, werden wir mehr und mehr erfolgreiche und glückliche Tage aneinanderreihen. Und wenn wir schon bei den Sprichwörtern sind: »Kleinvieh macht auch Mist«, und in diesem Sinne werden die einzelnen Tageserfolge mit der Zeit zu einer großen Erfolgsgeschichte verschmelzen. Je mehr von den kleinen Erfolgen wir aneinanderreihen können, desto weniger hat die Angst eine Chance, sich in uns breitzumachen. Zudem lohnt es sich heute mehr denn je, sich um ein glückliches Leben zu bemühen, denn wir werden so alt wie noch nie zuvor in der Geschichte der Menschheit. Denken Sie mal darüber nach.

Kapitel 5

Einfach mal machen sind 95 Prozent, die restlichen 5 Prozent ergeben sich dann

Gehen wir noch einmal ein paar Jahre zurück. Ich hatte große Fortschritte gemacht, was meine Figur und meine Gesundheit anbelangte, doch der geschäftliche Aufschwung ließ weiter auf sich warten. Ich hatte ja inzwischen mit dem Krafttraining begonnen, nachdem ich mit dem Kardiotraining so große Fortschritte gemacht hatte und gut 45 Kilo Gewicht verloren hatte. Das Krafttraining war im Prinzip nur eine Abwandlung meiner sportlichen Aktivität, eine Weiterentwicklung des Bisherigen, doch es brachte mir so viel mehr, denn es veränderte meinen Körper endlich in genau die Richtung, in der ich mich in meinen Supermann-Träumen immer gesehen hatte; die Schultern breit, die Taille schlanker und die Arme dick. Natürlich ging das nicht von heute auf morgen, schon gar nicht in meinem Alter, aber jede kleine Veränderung habe ich als großen Erfolg gefeiert und das gab mir jede Menge Motivation.

Rückblickend war es war für mich unverständlich, warum ich nicht schon früher mit Krafttraining begonnen hatte, zumal ich nun lernte, dass Krafttraining insgesamt mehr Kalorien verbrannte als Ausdauertraining. Ich erlebte sehr oft, dass die meisten Menschen, die im Fitnessstudio Gewicht verlieren wollen, stundenlang mit Treppensteigen und auf Fahrrädern verbringen, weil sie denken, das würde besonders viel Kalorien verbrennen. Doch das ist ein weit verbreiteter Irrtum. Wenn ich mit einer Pulsuhr meinen Kalorienverbrauch für eine Stunde Fahrradfahren oder eine Stunde Krafttraining messe, habe ich zwar auf dem Fahrrad in dieser Stunde etwas mehr Kalorien verbrannt. Doch beim Krafttraining habe ich durch die Arbeit mit den Gewichten meine Muskelzellen belastet und diese müssen vom Körper nach dem Training wieder aufgebaut werden. Im Grunde genommen füge ich meinen Muskelzellen bei jedem Training sogenannte Mikrotraumata zu, also sehr kleine Verletzungen. Das passiert Ihnen übrigens auch, wenn Sie Gartenarbeit verrichten oder wenn Sie Ihren Freunden beim Umzug helfen. Es ist also ein ganz normaler Vorgang, der in unserem Körper stattfindet, wenn wir die Muskulatur belasten. Die Mikrotraumata lösen nun im Körper eine Stoffwechselaktivität aus, die dafür sorgt, dass Satellitenzellen, die sich in der Nähe der leicht beschädigten Muskelzellen befinden, zur Reparatur herangezogen werden, respektive mit der belasteten Muskelzelle fusionieren. Dadurch steuert die Satellitenzelle der Muskelzelle ihren Kern als weiteren Zellkern hinzu. Somit wird die belastete Muskelzelle nicht nur repariert, sondern durch den zusätzlichen Zellkern auch stärker, und unsere Muskeln wachsen. Somit ist der Körper nach dem Krafttraining noch stundenlang damit beschäftigt, Zellen zu regenerieren und zu verstärken. Es sind genau diese Stoffwechselprozesse, die im Körper nach dem Training über Stunden zusätzliche Kalorien verbrennen. Wie viele das genau sind, hängt vom Zustand der jeweiligen Person und von der Belastung des Krafttrainings ab. Es gibt allerdings inzwischen genügend Studien, welche die bessere Effektivität des Krafttrainings gegenüber dem reinen Herz-Kreislauf-Training bestätigen.[47] Je mehr Muskeln wir aufbauen, desto mehr Kalorien verbrauchen wir zudem auch im Ruhezustand, denn unsere Muskelzellen verbrauchen mehr Kalorien für deren Unterhalt als unsere Fettzellen.

Es war wieder einmal ein Samstag und ich saß im Büro über meinem Businessplan und überlegte, was ich noch ändern könnte. Irgendwann hatte ich genug und entschloss mich einkaufen zu gehen, bevor die Geschäfte schließen würden, und dann ins Training zu gehen. Ich wollte weiter an meinen dicken Armen arbeiten. Als ich später am Abend zu Hause auf der Couch lag und wieder mal absolut nichts im Fernsehen war, das sich gelohnt hätte anzuschauen, wollte ich schon ausschalten, als ich auf BBC 2 plötzlich eine Vorschau sah für die Sendung *Dragons Den*, die gleich nach der Werbung begann. *Dragons Den*, wo hatte ich das denn schon gehört? Der Name kam mir bekannt und interessant zugleich vor, also wartete ich die Werbung ab und wollte mal reinschauen. Während der Werbung fiel mir wieder ein, woher ich den Titel *Dragons Den* kannte. Das ist die Sendung, in der sehr erfolgreiche Geschäftsleute sich die Pitches, also die Businesspläne von Investoren anhören und dann entscheiden, ob sie investieren wollen. In Deutschland heißt dieses Format *Die Höhle der Löwen*. Ich hatte davon gelesen und wollte mir die Sendung schon immer mal anschauen, vergaß es aber immer wieder.

Nach dem Werbeblock ging die Sendung endlich los und ein Unternehmer nach dem anderen kam in die *Den* (der englische Name für Wohnzimmer) zu den *Dragons* (so werden in der Show die Investoren bezeichnet) und stellte seine Idee vor. Es waren mehr oder weniger innovative Sachen dabei, aber nichts, das die Investoren zum Investieren verleitete, bis ein junger Gründer und sein bester Freund ihre Präsentation machten, in der sie einen neuen Fitnessriegel vorstellten, der mit viel weniger Zucker auskam und einen hohen Eiweißanteil aufwies. Obwohl die Idee gut war, worüber sich alle einig waren, und die Gründer einen sehr guten Eindruck hinterließen, stieg bisher keiner der Dragons bei den beiden ein. Alle machten mehr oder weniger klar, dass ihnen noch ein bisschen die klare Struktur fehlte, der Businessplan noch nicht ganz ausgereift war und man aus diesem Grund nicht investieren würde.

Als letzter Dragon war Peter Jones dran, ein Gigant in der Telekom- und Food-Branche, der schon manches Unternehmen groß gemacht hatte. Bevor er etwas zu den beiden jungen Gründern sagte, wandte er sich an seine Investorkollegen und wies sie darauf hin, dass sie bei all den Beschwerden über den Businessplan das Wichtigste vergessen hätten. Die anderen schauten ihn fragend an, denn die Meinung schien bei allen Dragons soweit festzustehen. Peter Jones fuhr fort, dass natürlich der Businessplan noch verbessert und die Strategie noch verfeinert werden könne, aber das Produkt, darüber seien sie sich doch alle einig, sei sehr gut. Und darüber hinaus seien die beiden Gründer ebenfalls top, da sie genau wüssten, was sie wollten, und das nötige Feuer zur Umsetzung hätten. Und schließlich ginge es doch genau darum: Gründer zu haben, denen man etwas zutraut. Den Rest könne man später noch anpassen. Und aus diesem Grund machte er ihnen schließlich ein Angebot[48].

In diesem Moment fiel es mir wie Schuppen von den Augen. Peter Jones hatte recht. Ich musste aufhören, an unserem Businessplan herumzufeilen. Ich musste uns, die Gründer in den Vordergrund stellen, denn wir waren bereit alles zu tun und alles zu geben. Das hatten wir schon jahrelang bewiesen und dank unserer jahrelangen Tätigkeit in den USA in exakt diesem Bereich brachten wir sehr viel Erfahrungen mit, welche andere teilweise auch etablierte Firmen in dieser Art und Weise nicht vorweisen konnten.

Zwei Wochen später saßen wir erneut mit einem potenziellen Investor zusammen. Der hatte den Businessplan schon gelesen und anstatt wie sonst üblich detailliert auf den Plan einzugehen, stellten wir unsere Expertise, unser Wissen und unseren »Wir wollen das wirklich«-Spirit in den Vordergrund. Wir veränderten unsere Sichtweise und somit die des Investors, weg vom 30 Seiten langen Businessplan, über den man Wochen diskutieren konnte, auf das, was wirklich wichtig war: auf uns, die Gründer. Wir akzeptierten einfach, dass der Businessplan nicht perfekt war und dass die Strategie eine dynamische Geschichte war, die man Schritt für Schritt anpassen musste. Weil wir unsere Sichtweise änderten, änderte der Investor seine ebenfalls. Ich begriff das zwar nicht sofort, doch heute weiß ich, dass wir mit unserer Sichtweise einen enormen Einfluss auf das Gelingen einer Sache haben. Wenn wir einfach mal hingehen und behaupten, dass wir gut sind, dann werden wir auch so wahrgenommen, und wir wissen ja: Wahrnehmung kreiert Wahrheit.

Wichtig ist dabei, sich nicht von der Sichtweise anderer beeinflussen zu lassen, denn wir müssen eigene Fehler machen können, um ein Gefühl für den Kompass zu entwickeln, der uns durch das Leben navigiert, damit wir irgendwann stolz und glücklich auf den Weg zurückblicken können. Ich will damit nicht sagen, man soll nicht auf andere hören. Es gibt durchaus Fehler, die sich vermeiden lassen, wenn man mit der nötigen Vorbereitung und Ausbildung an gewisse Dinge herangeht. Ich sage immer, es ist nicht nötig, dass wir alle dieselben Fehler machen. Es ist besser, zuerst von anderen zu lernen und erst dann eigene Fehler zu machen.

Nachdem wir den Investor im Boot hatten, gingen die nächsten Schritte sehr schnell vonstatten. Die Umsätze wurden siebenstellig und die Firma wuchs schnell. Es kamen ständig neue Mitarbeiter dazu, was aufregend und spannend, aber auch herausfordernd war. Ich lernte aber auch, dass nichts im Leben je einfacher wird. Die Probleme änderten sich nur und wurden teilweise auch größer, denn es ist ein Unterschied, ob man als Neugründer ein Jahresbudget für 50 000 Euro oder als fortgeschrittenes Start-up mit Investor ein Budget über Millionen erstellt. Die Verantwortungen wachsen und lasten, je größer die Zahlen werden, immer mehr auf den Schultern der Gründer. Aber ich hatte von meinem Sport gelernt, dass es das Beste ist, sich in solchen Situationen stetig weiterzuentwickeln, sich auf seine Stärken zu fokussieren und mit den Problemen zu wachsen, denn die Probleme werden im Leben nie einfacher, man kann selbst nur stärker werden.

Ganz besonders aber lernte ich eine weitere Lektion der 95/5-Formel: 95 Prozent bestehen daraus, einfach mal loszulegen und etwas zu tun, und der Rest sind dann wirklich nur noch 5 Prozent. Wenn wir nicht anfangen etwas zu tun, haben wir keine Chance darauf, dass sich irgendetwas entwickelt und irgendetwas verändert in unserem Leben.

Die neue Situation im Unternehmen und mein neues Aussehen motivierten mich, den Kontakt zu einer Frau wiederherzustellen, die ich 2012 kennengelernt hatte. Wir hatten uns damals nur kurz getroffen, da ich beruflich in Graz gewesen war und waren einmal zusammen essen gegangen und hatten uns am nächsten Tag noch auf einen Kaffee getroffen. Hätte ich zu der Zeit einen Wunsch frei gehabt, so hätte ich mir gewünscht, diese Frau heiraten zu können, denn ich hatte schon beim ersten Treffen gespürt, dass da etwas war, das ich bei keiner anderen Frau je so gespürt hatte. Doch damals war ich nicht nur über 120 Kilo schwer, sondern hatte geschäftlich wieder mal einen Rückschlag erlitten und war mir sicher, dass ich es ganz schnell vermasseln würde, selbst wenn die Frau auch nur das geringste Interesse an mir haben sollte. Aber ich war sowieso davon überzeugt, dass sie kein Interesse an mir hatte. Sie war jung, wunderschön, mit der Figur eines Modells, klug, gebildet und hatte Sinn für Humor. Sie studierte zu der Zeit an der Universität Betriebswirtschaft, und obwohl sie erst vor einigen Jahren aus der Ukraine nach Österreich übergesiedelt war, sprach sie perfektes Deutsch, sogar mit österreichischem Akzent, zudem Englisch und natürlich Russisch. Als ich mich damals von ihr verabschiedet hatte, hatte ich versprochen, ich würde mich wieder melden, was ich natürlich nicht getan hatte. Nun, zwei Jahre später, wollte ich das Versäumte nachholen und kontaktierte sie aus dem Nichts heraus. Ich weiß nicht, wie ich mir ihre Reaktion vorstellte. Ich wäre schon erstaunt gewesen, wenn sie überhaupt reagiert hätte und entschloss mich, eine Nachricht per E-Mail zu schicken, in der ich mich dafür zu entschuldigen versuchte, dass ich mich zwei Jahre nicht gemeldet hatte. Als ich die E-Mail fertig geschrieben hatte, löschte ich sie. Was ich geschrieben hatte, klang so blöd und lächerlich, dass ich mir sicher war, auf diesen Müll würde sie nie antworten.

Ich öffnete Facebook, suchte ihren Kontakt und schickte ihr eine einfache Nachricht. Nachdem ich auf »Senden« gedrückt hatte, las ich die Nachricht nochmals und war mir nun sicher, dass die E-Mail doch besser gewesen wäre. Zu meinem großen Erstaunen bekam ich innerhalb von ein paar Stunden eine Antwort. Sie erinnerte sich gut an mich und hatte sich immer gefragt, warum ich mich nicht mehr gemeldet hatte. Ich sei ja nun schon ein bisschen spät, meinte sie, aber jetzt habe ich es ja doch getan. Am Ende der Nachricht schickte sie noch ein Smilie mit.

Tausend Sachen gingen mir durch den Kopf. Was sollte ich zuerst erzählen? Dass ich so viel Gewicht verloren hatte oder dass sich unsere Firma rasant vergrößerte? Bevor ich antworten konnte, kam die nächste Nachricht von ihr, diesmal unter einem Bild von einem Facebook-Post von mir. Sie schrieb: »Wow, du hast ja enorm abgenommen, gratuliere.« Ich schrieb zurück und bedankte mich und so fingen wir an, uns Nachrichten zu schreiben. Dann traf es mich plötzlich wie ein Blitz: Was, wenn sie einen Freund hatte? »Natürlich hat sie einen Freund«, hörte ich mich in Gedanken sagen, »eine Frau wie sie, da stehen die Männer Schlange und warten auf ihre Chance.« Ich versuchte, in meinen Nachrichten vorsichtig das Thema Beziehungen anzuschneiden, doch egal, wie konkret ich wurde, sie ging nicht darauf ein. Es vergingen Tage, in denen wir mehr oder weniger belanglose Nachrichten austauschten, aber für mich war jedes Wort von ihr das nächste Highlight des Tages.

Am Abend des sechsten Tages nahm ich allen Mut zusammen und fragte sie, ob sie denn im Moment in einer Beziehung sei. Nachdem ich diese Frage verschickt hatte, stiegen mein Puls und mein Blutdruck an und sie blieben auch oben, denn es kam keine Antwort zurück. Stundenlang checkte ich die Inbox alle fünf Minuten und überprüfte, ob ich wirklich mit dem Internet verbunden war, was natürlich lächerlich war, denn ich war in meinem Büro und umgeben von Internet aus der Steckdose, Internet via WiFi, 3G und allem, was zu diesem Zeitpunkt sonst noch auf dem Markt verfügbar war. Doch nichts kam. Dann endlich, kurz nach 21 Uhr, bekam ich eine Nachricht: Sie schrieb mir, dass sie wegen ihrer Uniprüfungen beschäftigt gewesen war und außerdem etwas Angst hätte, ob ihre Ergebnisse gut genug sein würden, da davon auch die Verlängerung ihres Visums abhängen würden. Ich antwortete natürlich sofort, dass ich sie verstehen könne und das mit dem Visum nicht gewusst hätte. Auf diese Art unterhielten wir uns gut 20 Minuten lang über dies und das, nur nicht über das, was ich eigentlich wissen wollte. Und als sie sich schließlich verabschiedete, wusste ich immer noch nicht Bescheid über ihre Situation. Ich überlegte und analysierte nochmals unseren Chat, aber ich konnte nicht herauslesen, ob sie nun in einer Beziehung war oder nicht. Ich ging auf Facebook durch alle ihre Bilder, die sie je gepostet hatte, und versuchte dort Hinweise zu finden, doch es half auch nichts. Irgendwann ging ich schlafen oder zumindest versuchte ich es.

Die nächsten Tage gingen vorbei, wir schrieben uns ab und zu, doch sie beantwortete meine große Frage nicht und wich auch sonst konkreten Fragen geschickt aus. Ich überlegte, was ich tun könnte und tat dann, was ich gelernt hatte: ein gewisses Maß an Nichtwissen zu akzeptieren, die Angst vor Zurückweisung zu überwinden und einfach mal etwas zu tun. Wenn einfach mal machen wirklich 95 Prozent ausmachte, dann standen meine Chancen gar nicht so schlecht. Ich teilte ihr mit, dass ich wieder geschäftlich nach Graz müsse, was zwar nicht stimmte, und fragte sie, ob wir uns dann nicht sehen wollten. Sie antwortete: »Ja klar, lass uns mal einen Kaffee trinken gehen.« Na also, das war doch schon mal ein Anfang.

Ein paar Tage später, es war ein Samstag im Sommer, traf ich sie in Graz wieder. Wir hatten uns um 17 Uhr beim Brunnen am großen Platz im Zentrum verabredet. Sie erschien mit einer halben Stunde Verspätung, doch das war mir in dem Moment, als ich sie sah, völlig egal, denn ich wurde soeben vom Blitz getroffen. Sie lächelte mich an, ihre dunklen langen Haare wehten leicht im Wind, und sie sah aus wie ein Engel, der mir geschickt worden war und der in seinem weißen Kleid direkt aus dem Himmel hinabgestiegen war. Bevor ich etwas sagen konnte, machte sie mir ein Kompliment über mein neues Aussehen. Ich gab das Kompliment sofort zurück.

Da gingen wir nun durch die Stadt. Ich hatte einfach mal gemacht, meine Ängste überwunden und mit diesem Handeln eröffnete sich in meinem Leben eine neue Welt. Die Welt einer nicht nur unglaublich gut aussehenden jungen Frau, sondern einer, die auch klug, gebildet und sehr humorvoll war, denn ich hatte so viel Spaß mit ihr in den nächsten Stunden wie nie zuvor mit einer Frau.

Ich hatte wieder mal einen Schritt in eine neue Richtung gewagt und wieder einmal veränderte sich mein Leben in eine noch unbekannte, aber sehr verheißungsvolle Zukunft. Und ich war unendlich froh, dass ich es endlich getan hatte. Wir alle kennen das: Wenn wir uns dann endlich einmal dazu durchringen, etwas zu tun, das wir schon lange vorhatten, dann fragen wir uns oft, was uns zuvor so lange davon abgehalten hat. Wir haben ja schon darüber gesprochen, dass unser Gehirn in erster Linie darauf ausgelegt ist, unser Überleben zu sichern und uns vor allem Unbekannten zu schützen versucht, denn das Neue bedeutet für unser Gehirn eine Gefahr. Gefahr bedeutet auch Angst und Angst ist einer der stärksten Begleiter in unserem Leben, den wir alle kennen und der unser Leben massiv beeinflussen kann. »Angst und Gier sind die zwei einzigen Dinge, die einen Menschen antreiben«, sagte schon der Schriftsteller Paulo Coelho in seinem Werk *Der Dämon und das Fräulein Prym*.

Wie ich bereits erzählt habe, bin ich ein Fan davon, nicht nur zu wissen, sondern auch zu wissen, wie man Wissen anwendet. Insbesondere das Wissen darum, wie Angst funktioniert und wie wir sie zu unserem Vorteil nutzen können, ist ein enormer Mehrwert im Leben. Aus diesem Grund gehen wir nun in der Zeitrechnung ein bisschen zurück, und zwar etwa um 500 000 Jahre, denn da passierte etwas für uns Menschen sehr Entscheidendes. Es war der Zeitpunkt, an dem sich die Linie, die zum Neandertaler führte, und die Linie, die zu uns modernen Menschen von heute führte, trennten. In dieser Evolutionsstufe entwickelte sich unser Hirnstamm, der unter anderem für unsere Atmung, die Verdauung oder auch den Herzschlag zuständig ist, entscheidend weiter. Der Hirnstamm bildet die Schnittstelle zwischen dem übrigen Gehirn und dem Rückenmark. Aus dem Körper aufsteigende und in den Körper absteigende Informationen leitet er überkreuz weiter, daher ist die rechte Gehirnhälfte für die linke Körperhälfte zuständig und umgekehrt. Durch eine wahrscheinlich zufällig entstandene Punktmutation unserer Gene, die Wissenschaft ist sich da nicht ganz einig, gelang es unseren Vorfahren vor 500 000 Jahren deutlich mehr Neuronen (Gehirnzellen) zu produzieren als noch dem Neandertaler. Die meisten dieser neuen Neuronen kamen unserer Großhirnrinde zugute und die moderne Forschung geht klar davon aus, dass dies unsere kognitiven Fähigkeiten deutlich verbessert hat. Die zusätzliche Produktion von Neuronen erlaubte es dem Gehirn sich weiter zu entwickeln und auch seine Verschaltungen zu erweitern. Einige Wissenschaftler vertreten auch die Ansicht, dass die Punktmutation auch mit der Tatsache zu tun haben könnte, dass der Mensch rund 200 000 Jahre zuvor damit begann, Nahrung und besonders gekochtes Fleisch zu sich zu nehmen.[49] Die dadurch neu gewonnenen Proteine könnten einen großen Einfluss auf diese entstandene Punktmutation unserer Gene gehabt haben. Allerdings herrscht, was die Zeitangabe über die Nutzung des Feuers anbelangt, unter den Wissenschaftlern doch einige Uneinigkeit.

Doch zurück zur Angst. Wenn wir heute, 500 000 Jahre später, von Angst sprechen, so sind noch immer wesentliche Bestandteile der Funktionen von damals Teil unseres Gehirns. Wie schon erwähnt, haben wir durch die Bildung von zusätzlichen Neuronen unsere kognitiven Fähigkeiten seither massiv erweitert und sind daher heute in der Lage, die Entstehung von Angst wissenschaftlich zu verstehen. Angst müssen wir zunächst in zwei Begriffe unterscheiden: Schreck und Furcht. Der Schreck ist eine reflexartige Reaktion auf ein bestimmtes Ereignis, ein lautes Geräusch oder einen bellenden Hund. Daran sind sehr einfache und sehr alte Schaltkreise in unserem Gehirn beteiligt. Verspüren wir dagegen Furcht, so sind meist auch andere Schaltkreise involviert, in der Regel solche, die bereits gespeicherte Informationen zu ähnlichen Erlebnissen enthalten. Diese Informationen können innerhalb von Millisekunden abgerufen werden und wir analysieren eine Situation sehr schnell auf ihr Gefahrenpotenzial hin. Wenn es sich beim Bellen nur um einen Zwergpudel handelt, besteht eher weniger Gefahr, wenn es aber ein Rottweiler ist, der mit allen Anzeichen von Aggressivität auf uns zukommt, dann wird aus der Furcht Angst und wir müssen uns für den sogenannten Fight-or-Flight-Modus entscheiden, also ob wir kämpfen oder fliehen wollen. Interessantereise sprechen alle immer nur und ausschließlich von eben diesen beiden Varianten, Fight oder Flight, doch was ist mit der dritten? Mit der Entwicklung zum modernen Menschen hat sich ein weiterer Modus entwickelt, den es früher nicht gab und der heute der am meisten verbreitete Modus überhaupt ist! Ich nenne diesen dritten Modus den Starr-vor-Schreck-Modus. Dieser tritt in sehr vielen Situationen bei sehr vielen Menschen auf. Wir könnten auch sagen, dass er bei rund 95 Prozent aller Menschen auftritt, wenn es um das Lösen von Problemen am Arbeitsplatz oder auch im Privatleben geht.

Es ist genau diese lähmende Angst, die uns weder kämpfen noch wegrennen lässt und die uns auch im Alltag immer wieder die größten Probleme beschert. Eine schlechte Situation wird nicht

113

besser, indem wir einfach nichts tun. Das ist jedem klar und doch verhalten sich die meisten genauso. Verschieberitis oder Prokrastination nennt man das auch. Ein solches Verhalten kannten die Menschen vor Tausenden von Jahren noch nicht, denn der Starr-vor-Schreck-Modus bedeutete meistens den sofortigen Tod und war somit keine Option. Auch Verschieberitis war keine Option. Nahrungssuche war überlebenswichtig, denn es gab keinen Supermarkt um die Ecke, der bis Mitternacht oder gar rund um die Uhr geöffnet hatte. Kein Essen bedeutete zwar nicht den sofortigen Tod, aber kein Essen bedeutete ein schwaches Immunsystem, also Krankheit, weniger Kraft für die Jagd oder den Kampf und somit eine größere Chance zu sterben. Heute sind die Gefahren für uns in aller Regel nicht mehr lebensbedrohlich. Es ist die Angst vor einer Zukunft, die wir nicht kennen, die uns lähmt. Man sagt »Wenn wir der Angst den Schrecken nehmen, dann verliert sie ihre Wirkung«, und das trifft auch aus wissenschaftlicher Sicht den Nagel auf den Kopf. Die Angst, insbesondere Angst, die uns lähmt, entsteht durch einen Schreck. Darauf folgt die Furcht, welche sich dann zur Angst entwickelt. Hören wir von unserem Arbeitgeber, dass unsere Produktionsstätte Ende des Jahres geschlossen wird, erschrecken wir zuerst, denn damit haben wir nicht gerechnet. Dann fangen wir an, uns zu fürchten, denn wo sollen wir denn arbeiten? Wovon soll unsere Familie leben? Und aus der Furcht werden Existenzängste, die uns gelähmt zurücklassen. Wieder einmal sehen wir uns bestätigt, dass die Zukunft nur Gefahren birgt. Wie schön wäre es doch, wenn der Produktionsstandort nicht geschlossen würde und wir wieder dazu zurückkehren könnten, uns über unseren Arbeitgeber zu beschweren, über den zu knappen Lohn zu jammern und das schlechte Essen in der Kantine. Ach ja, das waren noch schöne Zeiten.

Wenn Sie jetzt ein leichtes Schmunzeln auf den Lippen haben, dann überlegen Sie mal, ob dieses Denken auch auf Sie selbst zutreffen würde, denn es trifft auf sehr viele Menschen zu. Aus der neurologischen Forschung wissen wir, dass es auf etwa 95 Prozent zutrifft. Es bleiben somit aber noch 5 Prozent übrig[50], 5 Prozent, welche diese Situation nutzen, um sich beruflich und persönlich weiterzuentwickeln, und genau darum geht es. Wir wollen herausfinden, wie die Angst uns helfen kann, dass wir uns weiterentwickeln. Dazu müssen wir ihr erst mal den Schrecken nehmen!

Wie entsteht überhaupt die Angst in unserem Gehirn und die damit verbundene Lähmung? Angst ist ein Gefühl und entwickelt sich wie andere Gefühle und Emotionen auch in unserer Amygdala, die zum sogenannten limbischen System unseres Gehirns gehört. Im limbischen System entstehen und verarbeiten wir unsere Emotionen. Bezüglich Angst unterscheiden wir dort zwischen zwei Arten von Ängsten, den angeborenen und den erlernten. Die Angst vor einem plötzlich auftauchenden Schatten, einem lauten Geräusch, das uns aus dem Schlaf aufweckt, oder die Sorge um die Kinder, wenn diese sich zum ersten Mal allein auf den Schulweg begeben, sind angeborene Ängste. Diese helfen und unterstützen uns auch, denn sobald wir analysiert haben, dass der Schatten nur ein sich im Wind bewegender Strauch ist, verschwindet die Angst innerhalb von Sekunden wieder. Diese angeborenen Ängste sind für uns Menschen wichtig, manchmal sogar überlebenswichtig, denn dadurch sind wir stets wachsam und können somit im Falle einer echten Bedrohung sofort reagieren und uns bestmöglich davor schützen.

Mit den erlernten Ängsten ist es nicht so einfach. Diese kommen vor allem durch negative Erlebnisse zustande und ganz besonders, wenn diese noch mit einer starken Emotion einhergehen, wird die Erinnerung als starke Verbindung in unserem Gehirn abgespeichert. Lassen wir dann dieses negative Erlebnis immer und immer wieder in unserem Kopf ablaufen, so wissen wir ja, dass dies für unseren Körper sich so anfühlt, als ob das Ereignis tatsächlich immer und immer wieder stattfindet, und irgendwann wird es in unserem Unterbewusstsein gespeichert. Und schließlich haben wir dann Angst vor Spinnen, Prüfungen oder eben der Zukunft. Wir

115

brauchen in solchen Situationen einen Trigger, um uns jeweils aus der Angstzone herauszuholen, und da gibt es ein paar ganz nützliche Tricks.

Wie wir der Angst den Schrecken nehmen

Schauen wir uns doch mal an, was denn in uns überhaupt passiert, wenn wir Angst verspüren. Wie entsteht dieses Gefühl, das alle möglich vermeiden möchten? Wenn Sie Angst verspüren, hat das damit zu tun, dass Blut vom frontalen Cortex Ihres Gehirns ins Angstzentrum, also in die Amygdala im limbischen System fließt. Dadurch werden Hormone, die mit Angst im Zusammenhang stehen, ausgestoßen, und die Angst vergrößert sich ständig. Begünstigt zusätzlich vom Fakt, dass das limbische System das Zentrum für die Entstehung unserer Emotionen ist, reagieren wir in Angstsituationen oft überemotional. Die Entstehung von Angst ist also erst mal nichts anderes als die Verschiebung von Blut in Ihrem Gehirn von einem Bereich in einen anderen. Denken Sie das nächste Mal daran, wenn dieses Gefühl aufkommt, dass Sie selbst es sind, der Blut vom einem Bereich Ihres Gehirns zu einem anderen befördert und somit dieses Gefühl erst ermöglichen. Wir sind also der Auslöser für unsere Angst. Das mag erst mal frustrierend klingen, denn somit liegt ja auch die Schuld bei uns. Doch das Gute daran ist, wenn wir der Auslöser sind, können wir doch auch derjenige sein, der den Effekt verhindert!

Also müssten wir doch jetzt nichts weiter tun, als das Blut, das wir ins limbische System gepumpt haben, wieder zurück in den frontalen Cortex zu befördern. Klingt doch ganz einfach und im Grunde ist es das auch, wenn wir wissen, wie wir das umsetzen können. In drei ganz einfachen Schritten können Sie sich aus jeder Angstsituation befreien:

Tipp: Sich in drei Schritten von der Angst befreien

Schritt 1: Wir wissen, dass wir mit unserer Atmung den Körper steuern können. Atmen Sie also in solchen (Angst-)Situationen tief durch die Nase ein und langsam durch den Mund wieder aus, bis Ihre Lunge leer ist. Dann atmen Sie wieder tief ein und wieder aus. Machen Sie das Ganze sechsmal. Beim Ausatmen stellen Sie sich vor, Sie würden durch einen Trinkhalm ausatmen, so einen Trinkhalm, wie man ihn in leckeren Cocktails bekommt. Dies bewirkt, dass Ihr Blut zurück in den frontalen Cortex Ihres Gehirns fließt, der für logisches Denken zuständig ist. Dadurch werden nun auch sofort wieder andere Hormone in Ihrem Körper ausgeschüttet und das Angstgefühl wird schwächer, denn die Hormone verändern die Emotion im Körper, da das limbische System, in dem die Emotionen entstehen, nun weniger Blut hat.

Schritt 2: Nachdem Sie die Atemübung drei- bis viermal wiederholt haben, überlegen Sie sich kurz, was in Ihrem Leben wichtig ist und was Ihnen Freude bereitet. Ihr Partner, Ihre Kinder, Ihr Haustier, Ihre Eltern, Ihre Freunde. Rufen Sie sich alle Menschen und Situationen ins Gedächtnis, die Sie mit Positivem verbinden können. Sie werden dann automatisch sehr schnell feststellen, dass Sie sich Ihrer Zukunft, egal was sie bringen mag, nicht allein stellen müssen. Dies fördert weitere positive Hormone in Ihrem Körper. Wenn Sie sich noch nicht sicher sind, ob dies helfen wird, dann stelle ich Ihnen jetzt den Schritt drei vor und der wird Sie nicht nur überzeugen, Sie werden ihn sogar lieben!

Schritt 3: Essen Sie ein Stück Schokolade. Ja genau, Schokolade. Sollten Sie Schokolade nicht mögen oder keine haben,

> gehen Sie an die frische Luft, kaufen Sie Schokolade oder eine andere Süßigkeit, die Sie gerne mögen, denn das aktiviert das Belohnungszentrum in unserem Gehirn und es werden zusätzlich positive Hormone wie Dopamin, das auch Glückshormon genannt wird, ausgestoßen. Unser Körper kann dann gar nicht anders, als sich Stück für Stück wieder besser zu fühlen.

Wenn Sie den Tipp so wie beschrieben anwenden, können Sie langsam wieder klar denken und verstehen, dass Angst oder gar Panik keine Lösungen für das Problem sind. Nun da wir unsere Angsthormone beseitigt haben, finden sich in unserem Gehirn bestimmt Lösungen für unser Problem. Wichtig ist, Sie wissen jetzt, dass erlernte Angst nur entsteht, weil Sie es durch die Zirkulation von Blut ins Angstzentrum zulassen und durch Ihre Gedanken die entsprechenden Hormone kreieren, die dann Ihre Emotionen negativ beeinflussen. Also unterbinden Sie dies mit der Atemtechnik und den beiden weiteren Schritten.

Das Wichtigste kommt jetzt. Nehmen wir nochmals das Beispiel mit der Produktionsstätte, die geschlossen wird, weshalb Sie um Ihren Job fürchten. Nachdem Sie Ihre Gedanken wieder geordnet haben, **erwarten Sie nicht, dass Sie das Problem sofort lösen können. Aber das müssen Sie ja auch nicht.** Sie haben noch Monate Zeit. Überlegen Sie sich, was der erste kleine Schritt ist, den Sie in eine neue Richtung machen können, weg von dem Problem, das die Angst verursacht. Es geht nur um einen einzigen kleinen Schritt, denn das kann Ihr Gehirn, selbst wenn es immer noch unter dem Einfluss der Angst steht, bewerkstelligen. Dieser eine kleine Schritt weg von Ihrem Problem wird Ihnen eine neue Perspektive auf die Situation eröffnen, die nicht mehr so stark von der Angst geblendet ist, sondern das Problem mehr von der konstruktiven Seite beleuchtet. Das ist übrigens genau das, was die 5 Prozent tun, wenn ein Problem auftaucht, und zwar bei jedem Problem. Und da sie es immer und immer wieder tun, wird es zu einem

Verhalten, das sich mit der Zeit ins Unterbewusstsein einprogrammiert und manchmal sogar Probleme schon löst, bevor diese wirklich entstanden sind.

Ich hatte in meinem Leben viele Probleme zu lösen und habe mir dann schlussendlich dieses Verhalten angeeignet, und ich weiß, dass es funktioniert, denn ich sehe Probleme heute nicht mehr als Probleme, sondern einfach als mehr oder weniger große Herausforderungen, die das Leben einem sowieso stellt, egal wie erfolgreich oder glücklich man ist.

Wenn Sie die Hoffnung haben, alle Probleme würden eines Tages einfach so verschwinden, wenn Sie nur mehr Geld haben oder einfach erfolgreich sind, muss ich Sie leider enttäuschen. Das wird nie passieren. Dazu sind sowohl wir Menschen als auch unser Leben zu komplex. Aber wir können lernen, mit Problemen und Herausforderungen umzugehen. Erinnern Sie sich an Ihre Zeit in der Fahrschule? Gas geben, Kupplung, Blinker, in den Spiegel schauen, in der Spur bleiben, nicht zu langsam, nicht zu schnell sein, den Fußgänger nicht überfahren! Es waren gefühlt tausend Dinge, auf die Sie gleichzeitig achten mussten, und heute setzen Sie sich ins Auto, fahren gedankenversunken los, hören dabei Musik und alles andere passiert wie von selbst. Genau das können Sie mit Problemen auch tun. Sie müssen sich nur ein entsprechendes Verhalten antrainieren, wie Sie mit Problemen in Zukunft umgehen wollen.

Wenn ich manchmal mit Menschen spreche, die mir von einem »unlösbaren Problem« erzählen, dann sage ich immer: »Ja, das kenne ich. So ein Problem hatte ich auch mal, vor vielen Jahren. Erstaunlicherweise hat es sich dann doch als lösbar herausgestellt.«

Angst entsteht durch uns selbst und ist letzten Endes nur ein Gefühl wie Hunger oder Durst. Haben wir Hunger, dann essen wir, haben wir Durst, dann trinken wir, haben wir Angst, dann atmen wir und essen Schokolade und werden uns bewusst, wie Angst entsteht. Und weil wir das wissen, haben wir ihr den Schrecken genommen und damit die Macht über uns. Ab jetzt übernehmen wir wieder die Kontrolle über unser Leben und nicht die Angst. Wenn wir das in unserem Denken etabliert haben, dann machen wir einen Schritt von der Angst weg und auf die neue Situation zu. Dabei tun wir automatisch, was 95 Prozent des Erfolges ausmacht. Wir tun es einfach. Jede noch so große oder kleine Unternehmung hat immer mit dem ersten Schritt und somit mit dem HANDELN angefangen.

> Ich habe immer wieder festgestellt, dass wir anderen Menschen grundsätzlich mehr zutrauen als uns selbst. Wir unterschätzen uns immer wieder. Der Hauptgrund für diese Unterschätzung liegt darin, dass wir überschätzen, was wir in zwei Wochen oder zwei Monaten erreichen können und dabei unterschätzen, was wir in sechs, zwölf oder gar 24 Monaten erreichen können. Wir lassen uns oft von kurzfristigen Resultaten zu sehr beeinflussen. Dann schauen wir darauf, was andere erreicht haben und vergleichen das mit unseren Resultaten. Wir vergessen dabei, dass der andere vielleicht ein oder zwei oder gar fünf Jahre dafür benötigt hat und erwarten von uns dasselbe in nur zwei Monaten. Das kann nicht funktionieren. Wir tendieren auch dazu, unsere Schwächen mit den Stärken der anderen zu vergleichen. Dass wir da keine Chance haben, versteht sich doch von selbst. Je mehr wir über uns wissen und darüber, wie wir als Mensch funktionieren, desto weniger tappen wir in solche Fallen. Nur wer weiß, wie er als Mensch funktioniert, kann sich im Leben auch richtig ausleben.

Kapitel 6

Glück ist zu 95 Prozent eine Entscheidung

»Wenn ich doch nur Erfolg hätte, dann wäre ich endlich glücklich! Dann hätte ich alle Probleme in meinem Leben gelöst!«

So sieht die Vorstellung der meisten Menschen aus. Diese Vorstellung trügt. Erfolg macht nicht immer glücklich, selbst wenn er noch finanzielle Ressourcen mit sich bringt. Aus meiner eigenen Erfahrung und vielen Gesprächen mit erfolgreichen Menschen weiß ich sogar, dass Erfolg absolut kein Garant für Glück oder Zufriedenheit ist. Wir haben im vierten Kapitel schon angesprochen, dass materielle Dinge nur kurzfristig glücklich machen. Aber was ist es denn, das uns langfristig glücklich macht? Wie erreichen wir denn unser Ziel, erfolgreich, glücklich und zufrieden oder erfüllt zu sein?

Dazu gilt es drei Fragen zu beantworten. Zwei davon kennen Sie schon. Die erste Frage lautet: Wer bin ich? Darüber haben wir schon gesprochen. Die zweite Frage lautet: Was will ich? Auch darüber haben wir uns unterhalten. Aber nun ist da noch eine Frage übrig, die sich die wenigsten stellen. Man könnte fast schon wieder sagen, dass 95 Prozent aller Menschen, welche die Fragen eins und zwei beantwortet haben, vergessen, sich folgende Frage zu stellen: Was bin ich bereit dafür zu tun?

Wenn wir wissen, wer wir sind und was wir wollen, ist es enorm wichtig, sich zu fragen, was man bereit ist dafür zu tun. Dass wir nichts geschenkt bekommen im Leben, wissen wir alle, aber wie viel müssen wir denn investieren, um unsere Ziele zu erreichen?

Nachdem wir damals unseren Investor an Bord hatten und das Unternehmen schnell wuchs, dachte ich kurz: »Yeah, wir haben es geschafft und ich bin erfolgreich!« Damit verbunden stellte sich ein Glücksgefühl ein, doch es hielt nicht lange an. Das Problem, einen Investor zu finden, war ja nun gelöst, an dessen Stelle traten nun einfach andere Probleme. Der Umsatz wuchs und damit verbunden wuchsen auch die Kosten, denn schnelles Wachstum und schnell steigende Kosten sind wie Brüder und Schwestern. Sie streiten gerne, wer denn wichtiger sei. Und Erfolg zieht auch noch andere Kreise. Die Konkurrenz war nicht begeistert von uns. Viele Firmen in unserer Branche hatten all die Jahre eine ruhige Kugel geschoben, und nun kam da diese neue Firma in den Markt und entwickelte sich innerhalb von 18 Monaten in einigen Bereichen unserer Branche zu einem Marktführer. Das brachte uns Neid und Missgunst von den einen und Verlangen von den anderen ein. Von der Seite des Investors kam der Wunsch, weitere Aktien zu erwerben, aber immer noch zum selben Preis wie vor 18 Monaten, was natürlich nicht im Interesse von uns beiden Gründern war. So entwickelte sich neben dem eigentlichen Business, das ja schon sehr fordernd war, ein weiterer Kriegsnebenschauplatz, denn sobald es um Geld geht, ist sich jeder selbst der Nächste. Das war grundsätzlich auch in Ordnung, denn es ging ja um Business und nicht darum, gute Freunde zu sein. Aber es hinderte mich daran, in dem, was ich tat, noch besser zu sein. Ich hatte diese romantische Vorstellung, dass wir alle gemeinsam für die gute Sache kämpfen würden. Es dauerte eine Weile, bis ich begriff, dass es nicht so war, und diese Zeit hätte mich beinahe alles gekostet. Die Auseinandersetzung mit dem Investor führte schon bald zu einem Bruch, der nicht repariert werden konnte, und wir mussten in einer schwierigen Situation einen neuen Investor finden, was uns schlussendlich aber auch gelang. Dies war sicher auch dem guten Verhältnis zu meinem Mitbegründer geschuldet, der gleichzeitig auch mein bester Freund war.

Aber genau das sind die Zeiten, in denen man wissen muss, was man bereit ist, für sein Glück zu tun, und ich spreche nicht nur davon, wie viel Arbeitszeit man zu investieren gewillt ist, denn das interessiert bei einem Start-up sowieso keinen. Mit anderen Worten: Du schindest keinen Eindruck, wenn du als Mitgründer eines Start-ups erwähnst, dass du 12, 15 oder noch mehr Stunden täglich arbeitest.

Dies sind aber auch Zeiten, in denen dein Privatleben völlig in den Hintergrund tritt. Wenn Sie also als Familienvater die Idee haben, sich selbstständig zu machen, dann stellen Sie sich die Frage: Was bin ich bereit dafür zu tun? Seien Sie sich bewusst, dass Sie Entscheidungen treffen müssen und dass diese Entscheidungen Konsequenzen haben. Wenn die Entscheidung richtig war, war sie das, was man von Ihnen als Gründer erwartet hat. Wenn sie nicht gut war, weiß jeder, es ist Ihre Schuld, und Sie haben auch die Verantwortung zu tragen und mit den Konsequenzen zu leben, nicht nur im Beruflichen, sondern auch im Privaten.

Ich war inzwischen mit meiner Traumfrau aus Graz in einer Beziehung. Sie wohnte und studierte damals noch in Graz, also bin ich an den Wochenenden von Zürich dorthin geflogen, oder sie ist zu mir gekommen. Aber ich war mit den Gedanken immer beim Geschäft und meinen eigenen Problemen. Dabei bemerkte ich nicht, was sie alles belastete. Ich fragte sie nur immer wieder, wann sie denn in die Schweiz übersiedeln würde. Dass es für sie bedeutete, alle Freunde, die Arbeit und die vertraute Umgebung zurückzulassen, hatte ich mir nie überlegt. Ich war nur mit mir selbst und meinem Leben beschäftigt. Erst als sie mir nach einem halben Jahr tief verletzt mitteilte, es wäre wohl besser, wenn wir eine Pause machen würden, damit ich mich um meine Sachen kümmern könne, fing ich langsam an zu begreifen, was alles in ihr vorging. Vor allem aber begann ich zu begreifen, dass ich kein Leben führte, ich existierte und funktionierte nur noch. Doch als ich das bemerkte, war es bereits zu spät, obwohl sie es mir immer wieder gesagt hatte.

Die Trennung von ihr machte mir sehr schwer zu schaffen. Sie war für mich die Frau fürs Leben und ich hatte es vermasselt. Das war unentschuldbar. Ich versuchte, mich zu konzentrieren, versuchte meine Angst unter Kontrolle zu halten, denn mein Gefühl sagte mir immer wieder: »Eine wie sie findest du nicht mehr. Du musst eine Lösung finden.«

Es folgte eine Zeit, in der ich begann, mich noch intensiver mit mir selbst auseinanderzusetzen, aber nicht in dem Sinne, dass sich alles nur um mich drehen sollte, sondern ich wollte versuchen zu ergründen, wie es so weit hatte kommen können, dass ich alle Zeichen übersah. An den Wochentagen gaben ich und mein Geschäftspartner alles, damit wir geschäftlich vorwärtskamen. Meinen Ausgleich fand ich beim Sport, ohne den ich nicht mehr leben konnte, und das Fitnesscenter war auch der Ort, den ich aufsuchte, wenn ich das Alleinsein ohne meine Traumfrau nicht mehr ertragen konnte.

An den Wochenenden nahm ich mir nebst der Arbeit und dem Sport bewusst Zeit für mich selbst. Ich setzte mich hin, machte eine Zigarre an, schenkte mir dazu ein Glas Whisky ein und hörte Leonard Cohen, stundenlang. Nach einiger Zeit konnte ich die Texte zu vielen von seinen Liedern auswendig und fing an, mich damit auseinanderzusetzen. Seine Texte waren tiefgründig und mysteriös, aber obwohl ich manchmal nicht genau wusste, was er mir sagen wollte, erinnerten seine Lieder mich ein bisschen an die Zeit, die ich mit Murphys Buch verbracht hatte. Ich hatte das Gefühl, etwas Neues zu erfahren, von jemandem, der sehr viel erlebt und sehr viel über das Leben nachgedacht hatte.

Leonard Cohen war jemand, der, obwohl er große Erfolge als Singer und Songwriter hatte, ein Leben lang mit Depressionen kämpfte. Mitte der 90er-Jahre entschied er sich, sich nach über 30 Jahren von der Musikbranche zu verabschieden und verbrachte die nächsten sieben Jahre in einem Zen-Kloster. Als er zurückkam, stellte er als inzwischen 70-Jähriger fest, dass seine ehemalige Managerin seine gesamten Ersparnisse, die er sich für seinen Lebensabend zurückgelegt hatte, verprasst hatte. Die ganzen Millionen waren weg. So musste der Mann, der nie wirklich gerne Konzerte gab, wieder zurück auf die Bühne. Aus seinen geplanten 20 bis 30 Konzerten in kleineren Hallen wurde völlig unerwartet eine triumphale Welttournee mit 387 Konzerten vor Millionen von begeisterten Zuschauern. Als er sich danach endgültig verabschiedete, hatte er in vier Jahren ein Mehrfaches von dem verdient, was er in den 30 Jahren zuvor eingenommen hatte. 387 Konzerte, für einen Musiker, der sich ein Leben lang bei Konzerten unwohl fühlte, war eine ganz schöne Hausnummer. Doch man konnte sehen und spüren, dass der alte Mann nach 40 Jahren Musikkarriere endlich gelernt hatte, die Auftritte vor seinem Publikum zu genießen. Sein Publikum jedenfalls tat das und selbst Musiklegenden wie Elton John waren von seinen Auftritten begeistert. Elton John bezeichnete seinen Konzertbesuch bei Leonard Cohen als »One of the best things I've ever seen in my life«, also eines der besten Dinge, die er in seinem Leben je gesehen hat und so ging es wohl vielen, denn der bald 80-jährige Cohen verzeichnete in seinen 387 Konzerten Millionen von begeisterten Zuschauern. Seine Konzerte brachten einen Umsatz von ca. 150 Mio. USD, wobei nicht alle Zahlen vorlagen und der effektive Umsatz nochmals deutlich höher gelegen haben dürfte. Dies alles ohne seine Plattenverkäufe gerechnet, von denen alle drei zwischen 2012 und 2016 veröffentlichten Alben Topplatzierungen in den Charts erreichten.[51] Wenn man bedenkt, dass dieses triumphale Comeback nie passiert wäre, hätte seine Managerin nicht sein Geld veruntreut und ihn als 70-Jährigen in eine absolute Existenzkrise gestürzt, so ist es schon erstaunlich, dass uns manchmal richtig schweres Leid widerfahren muss, bevor wir endlich aufsteigen und glücklich sein dürfen.

Diese Geschichte faszinierte mich ebenso wie der bescheidene Leonard Cohen selbst, der eine Stimme hatte, die man, wenn man sie einmal gehört hatte, nie mehr vergaß. Aber auch er muss sich als 70-Jähriger noch einmal die Frage gestellt haben: Was bin ich bereit dafür zu tun? Und offensichtlich hat er sich die Frage nicht nur gestellt, sondern auch beantwortet.

Ich litt weiterhin an der Trennung von meiner Traumfrau. Das Ganze setzte mir stark zu und es wurde einfach nicht besser. Leonard Cohens Geschichte, die davon erzählte, dass er erst nach großem Leid wirklich glücklich werden konnte, war mein hoffnungsvoller Anker, und ich redete mir ein, dass auch ich eines Tages glücklicher als je zuvor aus dieser Situation hervorgehen würde, auch wenn ich noch keine Ahnung hatte, wie das passieren sollte. Ich beschäftige mich weiter mit der Frage, wie weit ich bereit war zu gehen, für das, was ich wollte. Ich begriff, dass ich für die Beantwortung dieser Frage, noch mehr darüber wissen musste, wie ich als Mensch funktionierte.

Obwohl es eine schwere Zeit war, so war es auch eine sehr erkenntnisreiche Zeit für mich. Wenn ich mir heute vor Augen führe, was ich damals geglaubt hatte, wie ich im Leben funktionieren würde, und was ich dann herausgefunden habe, so ist es mir ein großes Anliegen, über etwas zu sprechen, das mich und bestimmt schon viele andere Menschen oft in die Irre geführt hat.

Warum Motivationszitate gefährlich sind!

Sie kennen sicherlich auch diese Motivationszitate: »Du darfst nie aufgeben!« »Wenn du hinfällst, musst du einfach wieder aufstehen.« Oder ein Spruch, den ich schon als Teenager über meinem Bett hängen hatte: »Aufgeber gewinnen nie und Gewinner geben nie auf.«

Das sind alles schöne Zitate, unbestritten. Teilweise stammen sie von Persönlichkeiten, die die Welt geprägt, vielleicht sogar verändert haben, und in ihrem Kern sind diese Zitate auch alle korrekt, doch sie sind wie so vieles in unserer heutigen Kommunikation aus dem Zusammenhang herausgerissen und verfälschen somit das Bild. Dies führt dazu, dass insbesondere junge Menschen oft hinter einer Illusion herlaufen. Ganz besonders gefährlich sind die Zitate geworden, seit sie in den Social-Media-Kanälen jeden Tag ununterbrochen als Wahrheiten der »Erfolgreichen« geteilt werden. Menschen, von denen wir nie etwas gehört haben, fahren in einem Porsche oder Lamborghini vor. Die Rolex am Handgelenk wird ebenfalls wirkungsvoll in Szene gesetzt. Danach wird kurz auf irgendein Onlinesystem verwiesen, mit dem man in 30 Tagen einen sechsstelligen Betrag erwirtschaften kann, ganz ohne Vorkenntnisse, ohne Ausbildung. Man muss einfach nur auf den Link unten klicken und das Geld liegt schon greifbar nahe. Als krönender Abschluss zitiert der Mann mit der Rolex dann Walt Disney mit: »Wenn du es träumen kannst, dann kannst du es auch erreichen« »Und dein Traum erfüllt sich, wenn du nur auf den Link hier unten klickst.«

Diese Art von falscher Werbung verbreitet sich wie eine gefährliche Krankheit. Selbst wenn das Zitat von Walt Disney stammt und Disney es geschafft hat, erzählt es nur einen Bruchteil der Wahrheit. Diese Zitate sind oft Blender und erfüllen nur die Träume von dem, der Ihnen den Link verkaufen will. Das Ganze wird perfide verpackt mit der Seriosität eines Walt Disney, Elon Musk, Warren Buffet oder oft auch mit Menschen aus der Geschichte wie Goethe, Plato oder immer sehr populär der Dalai Lama und Albert Einstein. Wer will diesen Menschen schon unterstellen, dass ihre Aussagen falsch sind? Oft stellt man fest, dass diese Menschen diese Aussagen so gar nie gemacht haben. Besonders bei Verstorbenen ist es sehr einfach, ihr Gesicht mit einem Zitat zu versehen. Es ist für Albert Einstein sehr schwer, sich dagegen zu wehren, da er bereits seit vielen Jahren tot ist, und selbst wenn er noch am Leben wäre, würde er seine Zeit wohl für Sinnvolleres nutzen. Es gibt aber durchaus auch Zitate, die man einer bekannten Person zuteilen kann, wie das Zitat von Walt Disney. Es ist ein schönes Zitat, und es wird jeden Tag tausendfach gepostet und auf allen Social-Media-Kanälen geteilt. Und genau hier beginnt das Problem. Alle kennen Walt Disney. Der Erfinder von Mickey Mouse ist eine Legende und was er sagt, muss stimmen. Das darf man gar nicht anzweifeln.

Träume haben wir alle und besonders wenn wir jung sind, haben wir auch große Ambitionen und träumen nicht nur davon, erfolgreich, also vor allem reich zu werden, sondern wir träumen davon, so erfolgreich wie Walt Disney zu werden, Elon Musk oder Marc Zuckerberg. Wir können ja schließlich auch davon träumen, das nächste Facebook zu gründen, also können wir es doch auch erreichen. Walt Disney hat das gesagt und auch bewiesen. Alles schön und gut, aber genau hier verlieren wir den Weg, der uns wirklich zu Erfolg führen könnte und gehen einer Halbwahrheit auf den Leim. Ja, Disney hat das gesagt und auch erreicht. Aber er hat noch andere Sachen gesagt, zum Beispiel: »Es gibt mehr Schätze in Büchern als Piratenbeute auf der Schatzinsel.« Und das Beste ist, man kann diese Schätze jeden Tag genießen. Genau das tat Disney auch, er las unglaublich viele Bücher. Er eignete sich Unmengen von Wissen an und setzte nebst anderem genau dieses Wissen ein, um aus seinen Träumen Wirklichkeiten zu machen. Bevor Sie also nun losgehen und einfach mal versuchen, Ihren Traum in die Wirklichkeit umzusetzen, sollten Sie verstehen, dass dies allein noch gar nichts bringt. Es erfordert enorm viel mehr Wissen, Erfahrung und die Fähigkeit, das alles umzusetzen, um aus einem Traum Wirklichkeit werden zu lassen. Lesen Sie auch wie Disney zwei bis drei Bücher pro Woche? Nein? Dann fangen Sie damit an.

Beschäftigen wir uns einmal kurz mit der Geschichte von Disney, stellen wir fest, dass er auf seinem Weg vom Traum zur Wirklichkeit immer wieder gescheitert ist, sich finanziell ruinierte und alles verlor. Nur dank seines Bruders Roy, der später als Finanzchef und Vorstandsvorsitzender von Disney fungierte, konnte Walt sich nach seiner ersten Pleite wieder erholen. Auch nachdem Disney in den 30er-Jahren bereits erste ganz große Erfolge feiern konnte, rutschte das Unternehmen in den 40er-Jahren wieder in massive Schwierigkeiten und hatte millionenhohe Schulden. Erst als Disney in den 50er-Jahren das Potenzial des Fernsehens erkannte und früh in diese Technik investierte und Filme dafür produzierte, ging es finanziell steil und nachhaltig bergauf. Disney hat Jahrzehnte für seinen Traum gekämpft, ist pleite gegangen, hat bei Verwandten gewohnt, sich Geld von seinem Bruder und Freunden ausgeliehen und hat wohl so manche Nacht wachgelegen, weil er nicht wusste, wie und ob es am nächsten Tag überhaupt weitergehen würde.

Haben Sie das alles berücksichtigt, als Sie das Zitat als Bildschirmschoner für Ihren PC verwendet haben? Noch viel wichtiger: Haben Sie sich die Frage gestellt, ob Sie bereit sind, so viel dafür zu geben, dass Sie auch Ihren finanziellen Ruin in Kauf nehmen, mit allen Risiken und Konsequenzen? Ja, da ist sie wieder, die Frage: Was bin ich bereit dafür zu tun? Einer der Gründe, warum 95 Prozent der Menschen auf ihrem Weg scheitern und aufgeben und es nur 5 Prozent schaffen, aus einem Traum eine Wirklichkeit zu machen, ist die Tatsache, dass es nicht reicht, einfach der Aussage eines bekannten erfolgreichen Menschen zu folgen, obwohl wir dessen Geschichte gar nicht kennen. Es reicht auch nicht, sich in schwierigen Zeiten einfach immer wieder zu sagen: Du darfst nicht aufgeben. Was, wenn wir auf dem komplett falschen Weg sind? Wie sinnvoll ist es dann, diesen Weg weiter und weiter zu gehen, nur weil jemand mal gesagt hat, dass man nie aufgeben darf?

Ich persönlich finde Zitate wundervoll. Wenn man in wenigen Sätzen tiefe Lebensweisheiten ausdrücken kann, ist das etwas sehr Schönes. Aber die Art und Weise, wie Zitate heute genutzt werden, ganz besonders von jenen, die damit werben, weil man damit Geld verdienen will, hat oft nicht viel mit dem wahren Charakter der Worte zu tun, und wie schon erwähnt: Nur weil wir ein Zitat von einem Menschen kennen, kennen wir noch lange nicht seine Geschichte dahinter. Viele verwechseln diese positiven Zitate auch mit positivem Denken, über das wir ja im vierten Kapitel schon gesprochen haben. Positives Denken funktioniert nicht so, wie wir uns das vorstellen, und wenn man sich der Tatsache bewusst ist, dass positives Denken zuerst im Bewusstsein stattfindet, das nur in 5 Prozent aller Tageshandlungen involviert ist, dann begreift man auch sehr schnell, dass das gleiche Prinzip auch für diese positiven Zitate gilt.

Blind einem Zitat zu vertrauen, es nicht zu hinterfragen, weil niemand es hinterfragt und weil ja alle daran glauben und die berühmte Person hinter dem Zitat bewiesen hat, dass es richtig ist, wurde zu einer weit verbreiteten Krankheit. Alle sagen dir immer, was zu tun ist, aber keiner sagt dir, wie. Es ist egal, wie oft du hinfällst, wichtig ist nur, dass du immer wieder aufstehst. Nun gut, da stehe ich nun wieder wacklig auf meinen Beinen, nachdem ich wieder mal hingefallen war. Aber was soll ich denn jetzt anders machen, damit ich morgen nicht schon wieder hinfalle? Menschen, die solche Zitate verbreiten, werfen nur mit leeren Worthülsen um sich, und das ist genau das Problem. Hätten wir die Möglichkeit gehabt, Walt Disney persönlich zu treffen, ich bin überzeugt, er hätte uns nicht nur mit seinem berühmten Zitat abgespeist. Als einer, der wusste, wie viel es braucht und was man alles benötigt, um den langen Weg vom Traum zur Wirklichkeit zu gehen, hätte er viele andere Dinge erwähnt, bevor er sein berühmtes Zitat präsentiert hätte.

Ein ebenfalls sehr populäres Zitat ist folgendes: »Mit den Steinen, die einem in den Weg gelegt werden, kann man Schönes bauen.« Dieses Zitat wird Goethe zugeschrieben und ich weiß nicht, wie oft ich es schon gehört habe. Ich erwähne es deshalb, weil es für mich exemplarisch aufzeigt, wie gedankenlos wir mit solchen Zitaten umgehen, was erstaunlich ist, wenn man bedenkt, welchen großen Stellenwert wir ihnen beimessen. Was wäre denn, wenn dieses Zitat nicht von einer solchen Berühmtheit, einem der größten Dichter der Welt wie Johann Wolfgang von Goethe stammen würde? Würden wir es dann auch immer und immer wieder verwenden und sogar versuchen, unser Leben auf Goethes Steinen aufzubauen?

Abgesehen davon, dass bis heute niemand weiß, wie genau man denn mit diesen Steinen etwas Schönes baut, denn eine Bauanleitung dazu hat ja noch nie jemand gepostet, gibt es damit noch ein ganz anderes Problem. Das Zitat stammt gar nicht von Goethe. Ich wurde stutzig, als ich jemanden sagen hörte, das Zitat sei vom deutschen Schriftsteller und Publizisten Erich Kästner. Dann fing ich an zu recherchieren und tatsächlich kann man das Zitat wirklich nicht Goethe zuschreiben. Ich hatte alle verfügbaren Quellen überprüft, aber das Zitat mit den Steinen hat Goethe wohl nie gesagt! Also musste es doch Erich Kästner gewesen sein, doch zu meiner Überraschung konnte das Zitat auch ihm nicht zugeordnet werden. Selbst der Kästner-Biograf Johan Zonneveld konnte Kästner in einer E-Mail-Anfrage nicht als Quelle des Zitats bestätigen. Ich fand dann eine Quelle, in der das Zitat leicht abgeändert war, indem man sich mit den Steinen, die einem in den Weg gelegt werden, Brücken bauen sollte. Dieses Zitat wurde dann aber Konfuzius zugeschrieben. Ich fand auch noch eine Variante, in der man sich mit den Steinen eine Treppe bauen sollte. Dies wurde als chinesische Weisheit deklariert. Doch ich war noch nicht bereit aufzugeben. Ein so schönes und eindrucksvolles Zitat musste doch einen Vater haben.

Ich fand über Google Books heraus, dass 1986 der FDP-Abgeordnete Klaus Beckmann es in einer seiner Reden verwendete und dabei auf Goethe verwies. Doch wir wissen ja, dass es nicht von Goethe stammt, also forschte ich weiter. Meine Suche endete im Jahr 1974 bei der TV-Legende Robert Lembke. Er war ganz besonders für seine Fernsehsendung *Wer bin ich?* bekannt, die jahrelang sehr erfolgreich lief und für die er sogar mit der Goldenen Kamera ausgezeichnet wurde. Robert Lembke war aber auch bekannt dafür, witzig und geistreich zu sein. Er veröffentlichte mehrere sogenannte Bonmots und Aphorismen. Und so soll er 1974 folgendes Zitat von sich gegeben haben: »Mit etwas Geschick kann man aus den Steinen, die einem in den Weg gelegt werden, eine Treppe bauen.« Er spielte damit wohl auf seine Karriere an, die nicht immer reibungslos verlief, da er sich während des Nationalsozialismus vor den Nazis verstecken musste und auch nicht mehr als Journalist arbeiten durfte, weil er sich weigerte, die Loyalitätserklärung des damaligen Naziregimes zu unterzeichnen.

So, da wären wir also. Weiter zurück reicht der Ursprung dieses Zitats vermutlich nicht und die beiden berühmten Persönlichkeiten Goethe und Kästner wollen es nicht haben. Es scheint also in seiner Urform von Robert Lembke zu stammen, der es aber mit der Treppe verwendete. Danach hat ein Politiker es für seine Zwecke etwas umgebaut und so wurde es danach in den verschiedenen Versionen einmal Goethe, einmal Kästner, dann mit der Treppe den Chinesen oder mit einer Brücke Konfuzius zugeschrieben.[52]

Es kommt immer wieder vor, dass berühmte Namen für Zitate oder Phrasen herhalten müssen, nur weil jemand etwas verkaufen will. So habe ich seit einiger Zeit vermehrt beobachtet, dass Albert Einstein wieder ganz hoch im Zitatekurs steht. Es gab vor ein paar Jahren ein sehr populäres Lied von Rihanna mit der Zeile »shine bright like a diamond«. Jetzt finden sich es auf diversen Social-Media-Kanälen diese Posts, auf denen wir Albert Einstein sehen, der sagt: »Diamonds don't shine, idiot, they reflect!« Stimmt, sie reflektieren und können nicht von sich aus leuchten, aber was Einstein mit dem Lied von Rihanna zu tun haben soll, ist mir schleierhaft. Einstein ist 1955 gestorben, Rihanna wurde 1988, also 33 Jahre nach dessen Tod, erst geboren.

Wenn Sie sich das nächste Mal einen neuen Bildschirmschoner einrichten oder ein Zitat auf Social Media liken oder kommentieren wollen, überlegen Sie sich doch mal kurz, ob es das wirklich wert ist, oder fragen Sie doch mit einem Kommentar beim

Verbreiter des Zitates konkret nach, wie man das verstehen soll. Wie es theoretisch funktioniert, wissen heute alle, aber bei der Umsetzung scheitern mindestens 95 Prozent. Umsetzungsanleitungen finden wir auf den Social-Media-Kanälen keine. Alle sprechen heute davon, sich selbst zu verwirklichen, doch wie wollen wir uns selbst verwirklichen, wenn wir uns nach Zitaten von andere richten, deren Hintergründe wir nicht einmal kennen? Wie wäre es denn, wenn wir uns ein paar eigene Zitate zulegen würden, nach denen wir dann zu leben versuchen, denn die Umsetzung, die kann sowieso nur durch uns selbst stattfinden. Das Wissen, das wir dafür benötigen, kann man sich aneignen, aber die Umsetzung, die müssen wir uns antrainieren. Ich habe mir daher viele eigene Zitate gebastelt. Eines davon lautet: Wenn Wissen Macht ist, dann ist das Wissen um die Anwendung eine Supermacht. Der aufmerksame Leser wird jetzt feststellen, dass ihm das bekannt vorkommt, und Sie haben recht, ich habe es im zweiten Kapitel erwähnt. Nur wenn wir wissen, wie man Wissen anwendet, nützt es uns. Ich kann mich sechs Jahre an der besten Wirtschaftsschule ausbilden lassen und trotzdem keine Ahnung haben, wenn ich dann in den Beruf einsteige. Erst die Anwendung, die Umsetzung macht den Unterschied und das Wissen schlussendlich zur Macht. Schließlich ist einfach mal zu handeln das Wichtigste, wie wir im fünften Kapitel ausführlich besprochen haben. Aber genau das verhindern viele dieser Zitate.

Aus meiner Sicht verleiten solche Zitate meist nicht dazu, etwas wirklich umzusetzen, sie verleiten eher dazu, vor sich hin zu träumen. Das mag ja auch mal in Ordnung sein, aber langfristig kommen wir nur weiter, wenn wir konkrete Entschlüsse fassen und uns vor allem dazu durchringen, diese Entschlüsse umzusetzen. Sie wissen ja, ein Traum, den Sie aufschreiben und mit einem Datum versehen, wird dadurch zu einem Ziel. Ein Ziel, das Sie in verschiedene kleinere Etappen unterteilen, wird zu einem Plan. Aus einem Plan, der Stück für Stück umgesetzt wird, entsteht Ihre neue Realität, Ihr neues Leben.

[Handschriftliche Notiz: Die Wahrnehmung von Fehlern ist kulturell geprägt]

Wer erfolgreich ist, macht keine Fehler!

[Handschriftliche Notiz am Rand: Fehler zu machen gehört dazu, das ist logisch, denn wir können entwickeln/verbessern]

Wir versuchen, wenn immer möglich, Fehler zu vermeiden. Das lernen wir schon in der Schule: Weniger Fehler bedeuten bessere Noten, und alle sind zufrieden, unsere Eltern, unsere Lehrer und schlussendlich auch wir selber. Bis wir dann ins richtige Leben kommen. Dann müssen wir lernen, dass Fehler im Leben dazugehören. Nur wenn wir Fehler machen, können wir etwas lernen. Alles, was wir perfekt ausführen, ist perfekt und daher nicht mehr entwicklungsfähig. Also sind es unsere Fehler, die unsere Entwicklung vorantreiben. Aber sagen Sie das mal jemandem, dem man zuvor jahrelang beigebracht hat, keine Fehler zu machen. Ihm wurde eingetrichtert, dass Fehler schlecht sind. Für sie erhält man schlechte Noten und schlechte Bewertungen. Es geht sogar so weit, dass wir uns nicht nur schlecht fühlen, wenn wir Fehler machen, wir fühlen uns sogar als Versager. Daher haben wir auch immer das Gefühl, erfolgreiche Menschen würden keine Fehler machen. Dies ist ein großer Irrtum, und jeder, der sich mit erfolgreichen Menschen beschäftigt, lernt schnell, dass diese sich in Wirklichkeit gerade dank ihrer Fehler zu dem entwickelt haben, was wir heute sehen.

Meine ersten Versuche als Selbstständiger in der Schweiz waren mehrheitlich von Fehlern begleitet. In meiner Kultur aber sagt man einem jungen Unternehmer, der gescheitert ist: »Du kannst das nicht, du bist nicht gut genug, lass es sein, du bist ein Versager.« Als ich Jahre später in den USA gelebt hatte, erklärte mir ein erfolgreicher und glücklicher Geschäftsmann, dass eine Firma in den USA ein Gebrauchsartikel sei. Aus diesem Grunde wäre es auch so einfach und so billig, eine Firma zu gründen. Wenn es läuft, ist alles super. Wenn es nicht läuft, dann schließt man den Laden und versucht etwas anderes. Wichtig ist nur, dass man das, was man gelernt hat, mitnimmt. Als ich das damals zum ersten Mal hörte, war ich mir nicht sicher, ob der Typ normal war. Ich dachte. »Der tickt doch nicht richtig! Was denkt der sich bloß?« Doch bereits ein paar Monate später wusste ich definitiv, dass *meine* Art zu denken nicht normal war, zumindest in den USA. Und wenn wir uns weltweit umschauen, woher die meisten Trends kommen, denen wir nachrennen, so stehen die USA da unbestritten auf dem ersten Platz. Ich will damit nicht sagen, dass alles gut ist, was aus den USA kommt, aber wenn wir von wirtschaftlichem Erfolg sprechen, so ist das US-Denkmodell nicht zu schlagen. Es geht sogar so weit, dass man idealerweise, um bei einem erfolgversprechenden Start-up mitzumachen, bereits ein paar geschäftliche Niederlagen hinter sich hat. Denn diese Fehler bedeuteten Erfahrung und aus Erfahrung lernt man.

Wir haben bereits zu Beginn des Kapitels darüber gesprochen, dass Erfolg nicht automatisch glücklich macht. Und dass selbst materielle Dinge auf die Dauer nicht glücklich machen, haben wir in Kapitel 4 schon festgestellt. Aber was ist es denn, das uns glücklich macht? Materieller Erfolg ist sicher eine gute Grundlage, um Glück und Zufriedenheit zu empfinden. Es ist angenehm zu wissen, dass man seine Rechnungen pünktlich zahlen kann, dass man auch mit unvorhergesehenen finanziellen Verpflichtungen zurechtkommen kann und dass man auch vor der Zukunft finanziell gesehen keine Angst zu haben braucht. Sie wissen ja, unser Gehirn liebt es, wenn die Zukunft sicher aussieht.

Ich habe mich in all den Jahren intensiv damit beschäftigt, herauszufinden, was uns glücklich macht und viele Theorien dazu entwickelt. Letztendlich ist aber keine davon übrig geblieben. Eine gute Partnerschaft kann uns sicher glücklich machen, unsere Kinder oder auch gute Freunde können uns glücklich machen, und trotzdem sehen wir immer wieder, dass Ehen zerbrechen, Familien auseinanderfallen und Freunde zu Feinden werden und manchmal sogar ein Leben lang miteinander streiten. Bei den materiellen Dingen wissen wir, dass sie uns nur kurzfristig glücklich machen können, und je mehr Materielles wir anhäufen, umso kürzer ist die Dauer des Glücks über das Erworbene. Vor ein paar Jahren habe ich dann angefangen, mir Notizen zu machen, welche Eigenschaften Menschen über eine lange Zeit hinweg glücklich machen. Ich habe dazu viele Gespräche geführt und dabei Interessantes erfahren. Manchmal habe ich auch einfach durch Beobachtung gelernt und dabei ist mir etwas aufgefallen: Glückliche Menschen haben alle eine Fähigkeit miteinander gemein und das ist nicht viel Geld oder eine glückliche Familie (obwohl das ein sehr wichtiger Faktor ist) oder Ruhm, Macht und Ansehen, nein es ist eine ganz andere Fähigkeit, welche diesen Menschen zu immer wieder während dem Glücklichsein verhilft. Diese Menschen haben die Fähigkeit, sich zu entwickeln. Sie entwickeln sich als Menschen in ihrem sozialen Umfeld, in ihrer Arbeit und ganz besonders in ihrem Denken. Persönlichkeitsentwicklung nennt man das heute zusammengefasst. Das Gefühl, etwas Neues gelernt zu haben, geliebten Menschen noch näher zu kommen, gibt uns Sicherheit und Selbstvertrauen für die Zukunft. Solange wir uns entwickeln, macht alles in unserem Leben Sinn. Wenn Sie an die frische Luft gehen, dann wollen Sie weder an Ort und Stelle stehen, noch rückwärtsgehen. Sie wollen nach vorne marschieren, denn das gibt uns ein gutes Gefühl. Uns in eine Richtung zu bewegen, bedeutet für unser Gehirn, dass wir wissen, was wir tun und uns nicht vor dem fürchten, was da kommt. Das gibt uns nicht nur ein gutes Gefühl, es macht uns geradezu glücklich und bringt eine gewisse Zufriedenheit mit sich. Entscheiden Sie sich dafür, sich permanent weiter zu entwickeln und entscheiden Sie sich damit dafür, ein glücklicher Mensch zu werden.

In welchem Bereich Sie sich entwickeln, ist ganz Ihren Vorlieben überlassen. Ob das im Beruf ist oder beim Sport oder ob Sie sich neues Wissen aneignen und viel lesen. Ob Sie versuchen, ein noch besseres Elternteil oder ein besserer Partner zu sein, es gibt so viele schöne und wichtige Bereiche, in denen wir uns entwickeln können. Und selbst, wenn Ihr Hobby Briefmarkensammeln ist, wenn es Sie glücklich macht, diese Marken zu sammeln, dann machen Sie es einfach. Denn als glücklicher Mensch strahlen Sie dieses Glück immer auch auf andere ab.

Bei der Durchsicht der Notizen, die ich mir über die Jahre zu diesen glücklichen Menschen gemacht habe, ist mir aufgefallen, dass sie sich praktisch alle auch als erfolgreich betrachtet haben, in allem, was sie taten. Das bedeutet nicht, dass alle von diesen glücklichen Menschen Millionäre waren. Einige waren es, andere legten aber überhaupt keinen Wert darauf und hatten für die Definition von Erfolg andere Standards. Ich muss aber gestehen, dass keiner dieser glücklichen Menschen bankrott oder pleite war, alle kamen diesbezüglich ganz gut zurecht. Daher sehe ich auch hier wieder Probleme mit vielen Zitaten, die im Zusammenhang mit Geld und materiellem Erfolg immer wieder verbreitet werden. »Geld verdirbt den Charakter.« Aus meiner Sicht eines der dümmsten Zitate überhaupt. Geld verdirbt den Charakter nicht, aber es bringt den Charakter viel besser zum Vorschein. Der Spruch »Geld allein macht nicht glücklich« ist im Grunde genommen zwar richtig. Aber der Kontext, in dem er immer wieder zitiert wird, ist falsch, denn er wird in der Regel von denen verwendet, die nichts haben und damit ihren Unmut über die finanziell besser Gestellten ausdrücken. Fragen Sie mal jemanden, der Ihnen mit diesem Spruch kommt, ob denn Pleitesein glücklicher macht? Das Problem mit solchen Zitaten ist, sie bringen uns nicht weiter und sind daher sinnlos. Wie ich ja soeben ausgeführt habe, liegt nach meiner Beobachtung genau hier bei vielen Menschen der wahre Grund des Unglücklichseins begraben. Sie achten nicht darauf, was sie im Leben weiterbringen könnte, sondern sie versuchen, die anderen zurückzuhalten. Aber rückwärtsgehen macht nicht glücklicher, nur weil es andere auch tun. Jedoch macht vorwärtszugehen, ganz besonders gemeinsam mit anderen, sehr glücklich.

Menschen, die verstehen, dass Glück nicht etwas ist, für das unser Partner, unsere Familie, unsere Freunde oder gar unser Chef verantwortlich ist, sondern wir selbst, haben die besten Chancen auf ganz viel Glück in ihrem Leben. Damit schließt sich der Kreis wieder einmal und wir sind zurück an unserer Quelle, an der alles

entspringt: unser Denken. Unser Denken ist der Anfang von allem, denn unsere Gedanken produzieren in unserem Körper Hormone und die Hormone sind für unsere Emotionen verantwortlich, und unser emotionaler Zustand entscheidet darüber, ob wir stehenbleiben, rückwärtsgehen oder glücklich voranschreiten. Dieser Kreislauf wiederholt sich immer und immer wieder, jeden Tag, jede Sekunde, genaugenommen etwa 50 000- bis 60 000-mal pro Tag, denn so viele Gedanken produzieren wir täglich[53]. Ob wir dabei rückwärts- oder vorwärtsgehen, also unglücklich oder glücklich sind, entscheiden wir also jeden Tag, jede Sekunde immer wieder aufs Neue selbst.

Oft verspüren Menschen den Wunsch, sich beruflich oder privat zu verändern. Dabei passiert immer wieder ein Fehler. Sie versuchen die Veränderung mit den Gedanken herbeizuführen, mit denen sie bereits gestrandet sind, und das ist nicht möglich. Heute können wir dank modernster Technologie neurologische Verbindungen in unserem Gehirn sogar markieren und verfolgen. Und die moderne Hirnforschung hat uns noch etwas anderes aufgezeigt. Wir beginnen nämlich so langsam zu begreifen, wie unser Gehirn lernt, und das funktioniert nicht wirklich so, wie wir es erwartet haben. Lange Zeit ging man davon aus, dass unser Gehirn sehr strukturiert und nach genauen Vorgaben neue neuronale Verbindungen erstellt, wenn wir ihm neue Inhalte zuführen. Arno Villringer, Direktor der Abteilung Neurologie am Max-Planck-Institut für Kognitions- und Neurowissenschaften in Leipzig, weist darauf hin, dass es erst mal wichtig ist, zu verstehen, dass sich unser Gehirn permanent seiner Umgebung anpasst.[54] Neuronale Plastizität nennt man das in der Fachsprache und es bedeutet, dass unser Gehirn sich permanent verändern kann. Es versucht immer zu antizipieren, was als Nächstes passiert, um uns auf das Kommende bestmöglich vorzubereiten. Trifft dann alles so ein, so wird diese Annahme vom Gehirn als bestätigt quittiert. Trifft aber etwas Unerwartetes ein, so passt sich das Gehirn dieser Neuerung dank seiner plastischen Fähigkeiten an. Wenn wir beispielsweise versuchen, ein neues Instrument zu erlernen, ist das für unser Gehirn etwas Unerwartetes.

Dank den schon erwähnten verschiedenen Techniken können wir heute unser Gehirn bei der Arbeit beobachten und die faszinierenden neurologischen Prozesse in ihrer Entstehung mitverfolgen. Auf diese Weise wurde bereits festgestellt, dass unser Gehirn die neuen neuronalen Verschaltungen nicht strukturiert nacheinander aufbaut, sondern erst mal viele neue kreiert und dann erst versucht herauszufinden, welche am besten funktioniert. Anders ausgedrückt, unser Gehirn lernt über die Trial-and-Error-Methode, macht also Fehler, lernt aus diesen und bringt die entsprechenden Korrekturen an. Wenn nun also unser Gehirn, das komplexeste und fortschrittlichste Gebilde im gesamten Universum, Fehler macht, um aus diesen zu lernen, warum sollten wir das nicht auch so machen dürfen? Der wohl größte Basketballspieler aller Zeiten, zumindest der bekannteste, Michael Jordan, hat einmal Folgendes gesagt: »Ich habe in meinem Leben 9000-mal den Korb nicht getroffen, ich habe 300 Spiele verloren und 26-mal, als man mir den alles entscheidenden Wurf anvertraute, verfehlt.«[55] Michael Jordan hat so viele Fehler gemacht, dass er daraus gelernt hat, einer der besten Basketballspieler der Welt zu werden.

Um uns zu entwickeln, müssen wir lernen, und um zu lernen, müssen wir Fehler machen und diese Fehler sollten wir nicht nur uns, sondern auch allen anderen um uns herum zugestehen.

Deine Energie ist genau da, wo deine Gedanken sind

Vor einigen Jahren bin ich eine Zeit lang bei verschiedenen Amateur-Autorennen mitgefahren. Doch auch für diese Rennen galten die Sicherheitsvorschriften der FIA (Fédération Internationale de l'Automobile), was bedeutete, Rennanzug, Handschuhe und

Sicherheitshelm waren Pflicht. Ich kann mich noch gut erinnern, als ich zum ersten Mal so einen FIA-Helm trug, fühlte ich mich total unsicher beim Fahren, denn das Sichtfeld war aufgrund des schmalen Helmausschnittes für die Augen zur Seite hin stark eingeschränkt. Sie können sich das etwa so vorstellen, wie wenn Sie links und rechts an Ihrer Schläfe ein Brett hätten, das nach vorne in Ihr Gesichtsfeld ragt. Für alles, was nicht direkt vor Ihnen ist, müssen Sie den Kopf nach links oder rechts drehen. Das mag nicht so schwer sein, wenn man das zu Hause auf einem Stuhl macht, aber wenn Sie mit 290 km/h auf eine Kurve zuschießen und sicherstellen müssen, dass Sie zu Ihrer Linken den Scheitelpunkt zum Einlenken treffen und dass Sie rechts innen nicht ausgebremst werden, sieht das Ganze plötzlich viel schwerer aus. Zudem sehen Sie nicht mehr, was direkt vor Ihnen liegt, sobald Sie den Kopf auch nur leicht nach links oder rechts wenden. Also bewegen Sie den Kopf so wenig wie möglich.

Im Leben geht es uns manchmal ganz ähnlich, unser Sichtfeld ist von dem eingeschränkt, was wir kennen. Unsere Gedanken kreisen immer um dieselben Probleme. Daher macht es manchmal Sinn, ab und zu mal rechts ranzufahren und den Helm auszuziehen, damit sich unsere Sichtweise verändert. Wir sehen dann plötzlich nicht mehr nur die Probleme direkt vor uns, sondern Möglichkeiten neben uns, und die können alles verändern, denn da, wo unsere Gedanken sind, ist unsere Energie, und solange wir immer nur die Probleme anstarren, ist auch unsere gesamte Energie bei diesen Problemen und nicht bei den Möglichkeiten.

Lassen Sie mich ein weiteres für mich sehr eindrucksvolles Beispiel aus meiner Zeit auf der Rennstrecke anfügen. In meinem ersten Lizenzkurs bekamen wir alle folgende Aufgabe: »Beschleunige auf der Geraden bis zu einer Geschwindigkeit von 100 km/h. Dann wird irgendwann plötzlich von rechts ein Hindernis auf deine Fahrbahn geschoben werden. Deine Aufgabe: Du darfst nicht mit dem Hindernis kollidieren.« Das Hindernis war in diesem Falle ein großes Stück Schaumstoff, also nicht gefährlich. Wir versuchten uns einer nach dem anderen an der Aufgabe, aber alle scheiterten und krachten mehr oder weniger schnell in das Hindernis, je nachdem, wie schnell sie darauf reagieren konnten. Wir versuchten es immer wieder, angespornt von der Vorstellung, der Erste zu sein, der es schaffen würde und rechtzeitig bremsen könnte. Es half alles nichts. Egal, wie schnell und stark wir auf das Bremspedal drückten, wir versagten allesamt und waren auch etwas zerknirscht, als wir uns mit dem Instruktor im Theorieraum versammelten.

Der Instruktor stellte sich vor uns hin und sagte: »Was nun? Sollen wir euch alle durchfallen lassen.«

Es war totenstill im Raum, bis sich plötzlich einer meldete und sagte: »Also ich habe mal ein bisschen gerechnet. Ihr habt das Hindernis so spät auf die Fahrbahn geschoben, dass es uns rechnerisch gar nicht möglich war, rechtzeitig zu bremsen. Der Bremsweg war in jedem Fall zu lang.«

»Das ist korrekt«, sagte der Instruktor, »es war nicht möglich, rechtzeitig zum Stillstand zu kommen.«

Alle im Raum schauten sich an und es ging ein allgemeines Raunen durch die Reihen.

»Wir haben ja auch nie gesagt, dass ihr rechtzeitig bremsen sollt. Wir haben gesagt, ihr dürft nicht mit dem Hindernis kollidieren, das war die Aufgabe. Und hier kommt die Auflösung. Ihr seid mit 100 km/h unterwegs, dann taucht aus dem Nichts das Hindernis auf. Ihr tretet voll in die Bremse und bemerkt sehr schnell, das reicht nicht und dass ihr mit dem Hindernis kollidieren werdet. Also löst ihr die Bremse und haltet augenblicklich Ausschau nach einem Weg, um das Hindernis zu umfahren. Beim Hindernis angekommen, habt ihr noch ca. 40 km/h drauf, also ist es kein Problem, auszuweichen und die Kollision zu verhindern.«

Das Raunen war verschwunden und einer allgemeinen Betretenheit gewichen. Warum war das uns nicht in den Sinn gekommen? Als ob der Instruktor unsere Gedanken hätte lesen können, sagte er: »Wisst ihr, warum ihr es nicht geschafft habt? Wir fahren immer genau auf das zu, was wir im Blick haben, und da ihr euch alle nur auf das Hindernis fixiert habt, seid ihr auch mit diesem kollidiert. Hättet ihr auf den Weg geschaut, der links oder rechts daran vorbeiführt, wärt ihr links oder rechts daran vorbeigefahren, ohne es zu berühren.«

Kurze Zeit später machten wir alle die Übung nochmal. Keiner brauchte mehr als zwei Versuche, um nun gekonnt am Hindernis vorbeizufahren.

Diese Geschichte hat mich erst später, als ich anfing, mich mit unserem Denken auseinanderzusetzen, wieder eingeholt und ich realisierte plötzlich, dass der Instruktor uns hier nicht nur eine Rennfahrerweisheit mit auf den Weg gegeben hatte, sondern ein Naturgesetz. Wenn wir panisch auf das Hindernis starren, das vor uns liegt, ist die Chance sehr hoch, dass wir in genau dieses Hindernis hineinkrachen werden. Wenn wir aber nach Möglichkeiten suchen, daran vorbeizufahren, ist die Chance sehr groß, dass wir nicht mit dem Hindernis kollidieren, denn wir fahren genau dorthin, wohin wir schauen. Für unser Leben gilt das Gleiche. Wenn wir immer nur das Problem vor unseren Augen haben, ist die Chance sehr groß, dass wir genau an diesem Problem zerbrechen. Wenn wir uns aber davon lösen und uns auf die anderen Möglichkeiten links und rechts konzentrieren, fließt unsere Energie vom Problem weg, hin zu den Lösungen, und die Chance ist groß, dass wir eine Lösung finden.

Wir wollen erfolgreich und glücklich sein und ganz wichtig: Wir wollen keine Fehler machen. Das ist eine Kombination, die so nicht funktionieren kann. Was die Fehlerkultur anbelangt, haben wir in Europa noch großen Nachholbedarf. Wenn ich überlege, was ich aus meinen Erfolgen gelernt habe, bereitet es mir Mühe, dazu wichtige Punkte aufzulisten. Wenn ich mir überlege, was ich aus meinen Fehlern gelernt habe, könnte ich damit ein weiteres Buch füllen. Für alle meine Erfolge waren letztendlich alle Misserfolge zuvor notwendig, denn nur sie haben dazu geführt, dass ich immer wieder mein Denken hinterfragt habe.

Kapitel 7

Glück bis in jede Körperzelle:
95 Prozent Programmierung,
5 Prozent Entscheidungen

Haben Sie schon mal ein Möbelstück gekauft, das Sie selber zusammenbauen mussten? Wenn ja, dann wissen Sie, wie es ist, wenn der Verkäufer sagt, es wäre »ganz einfach, dieses Möbel zusammenzubauen«. Wir gehen dann nach Hause und legen sofort los. Mit »wir« ist in diesem Fall meistens der Mann gemeint, der bereits beim Auspacken selbstbewusst verkündet, dass er die Bauanleitung, welche die Frau schon in den Händen hält, nicht benötigt. Es kann ja nicht schwer sein, dieses kleine Möbelstück zusammenzubauen, von dem selbst der Verkäufer sagte, dass er es in 15 Minuten schaffe. Die Einwände der Frau, dass es doch mehr Sinn machen würde, das Möbel nach dem Bauplan zusammenzustellen, lassen wir nicht gelten und fangen an. Bereits nach kurzer Zeit haben wir schon beträchtliche Fortschritte gemacht, nur dieses eine Brett da unten, das passt da einfach nicht richtig rein, egal wie wir das drehen und wenden. Wir fangen an, uns über den Konstrukteur des Möbels zu beschweren. Was hat der sich nur dabei gedacht, das Brett so lang zu machen?! So passt das doch nie dazwischen! Unsere anfängliche Euphorie weicht dem Frust. Wir versuchen nun schon seit 30 Minuten, dieses blöde Brett da einzuschieben, was einfach unmöglich ist. Langsam sind wir überzeugt, dass es sich bei diesem Möbelstück hier um einen Konstruktionsfehler handelt und spielen mit dem Gedanken, es ins Geschäft zurückzubringen. Nach weiteren 20 Minuten und weit mehr als einer

Stunde Arbeit steht für uns fest, das ist definitiv ein Konstruktionsfehler, was ja auch nicht verwunderlich ist, kommt doch dieses Zeugs heute alles auch China.

Unsere Frau steht inzwischen wieder mit dem Bauplan neben uns und schlägt abermals vor, sich den doch mal anzusehen. Wir sind zwar nach wie vor überzeugt, dass es nichts bringen wird, schauen aber trotzdem mal drauf. Tief in uns drin schlummert auch ein bisschen Unsicherheit. Was, wenn wir das Möbel zurückbringen und es dann doch kein Konstruktionsfehler ist? Also schauen wir widerwillig auf den Plan. Schon bald entdecken wir, dass wir das eine Teil auf der Seite verkehrt herum montiert haben, gemäß Plan jedenfalls, denn es ist für uns nicht nachvollziehbar, was es bringen sollte, dieses Teil zu drehen. Wir tun es dann doch, und siehe da, plötzlich ist da unten mehr Platz und nun passt auch das Brett herein, mit dem wir zuvor eine Stunde gekämpft haben. »Aha, ja so passt das«, stellen wir fest und bringen nun, genau nach Plan, noch die anderen Teile an. 10 Minuten später steht das Möbel vor uns, genauso wie im Geschäft.

Sie werden sich jetzt gleich fragen, warum ich nach dieser Geschichte nun anfange, über die menschliche DNA und über unsere Gene zu sprechen. Ganz einfach, unsere DNA ist der Träger unserer Erbinformationen und somit der Bauplan, aus dem wir Menschen bestehen. Sie haben wahrscheinlich schon davon gehört, dass unser Körper sich permanent immer wieder selbst aufbaut und alle unsere Zellen erneuert. Jede Sekunde sterben in uns 50 Millionen Zellen ab, und damit wir nicht in ein paar Tagen tot sind, müssen auch jede Sekunde 50 Millionen Zellen neu gebildet werden. Wenn Sie jetzt denken, dass 50 Millionen ganz schön viele Zellen sind, so lassen Sie mich Ihnen sagen, dass die Wissenschaft davon ausgeht, dass ein Mensch etwa 30 bis 50 Billionen Zellen hat, je nach Größe, Gewicht und Alter. Damit der Körper weiß, wie er diese Zellen bilden muss, benötigt er einen Bauplan, und den findet er in unserer DNA, genauer ausgedrückt: In unseren Genen finden sich die entsprechenden genetischen Codes.

Was passieren kann, wenn wir etwas ohne Plan bauen, kennen wir ja aus der Geschichte mit dem Möbelstück. Aber auch Gebäude, Fahrzeuge, Maschinen und andere Dinge werden immer nach einem Plan gebaut, auch um sicherzustellen, dass sich keine Fehler einschleichen und wir immer einen entsprechenden Qualitätsstandard gewährt haben.

Wenn wir aber bereits für den Bau eines einfachen Möbelstücks einen Plan benötigen, warum glauben wir dann, dass wir für den Bau unseres Lebens, für die Konstruktion unserer Karriere, unserer Familie, nicht wissen müssen, wie unser Bauplan funktioniert? Ich gehe davon aus, dass 95 Prozent der Menschen nicht mal wissen, wofür die Buchstaben DNA stehen, ich wusste es jedenfalls nicht. Fragen Sie jemanden, ob er Ihnen erklären kann, was ein Gen ist. Er wird auch das nicht schlüssig beantworten können, wenn er kein Fachmann auf dem Gebiet ist. Wir haben keine Kenntnisse darüber, wie wir als Mensch aufgebaut sind und funktionieren. Wenn ich diese Frage stelle, wird mir oft entgegnet, dass der Körper selbst weiß, wie der Bauplan funktioniert und er das alles allein tut und dass wir keinen Einfluss darauf haben, mit welchen Genen wir geboren werden und somit nichts beeinflussen können. Sollten Sie das auch gedacht haben, so haben Sie recht, bis auf eine Kleinigkeit, und die macht wie so oft im Leben den großen Unterschied aus.

Ja, der Körper weiß, wie er nach unserem Bauplan jede Sekunde 50 Millionen Zellen für die Haut, die Knochen, unser Blut und unsere Muskeln herstellt, und er tut dies, ohne bei uns nachzufragen, indem er die Informationen in unseren Genen nutzt. Es ist auch korrekt, dass der Code unserer Gene nicht verändert werden kann. Er ist eine zufällige Durchmischung der Codes, die wir von unseren Eltern bekommen haben. Aber in einem liegen wir falsch: Wir können etwas beeinflussen, auch wenn wir das Gegenteil gehört oder gelesen haben. Die moderne Wissenschaft ist in den letzten Jahren zu neuen bahnbrechenden Erkenntnissen gekommen, was die Beeinflussung unserer Gene anbelangt.

Das Human Genome Project

Damit Sie in Zukunft die teilweise falschen und verwirrenden Informationen, die wir in Zeitungen und Zeitschriften lesen, und die Behauptungen, die Besserwisser von sich geben, besser einordnen können, lassen Sie mich kurz die spannende Geschichte rund um die Entschlüsselung des menschlichen Gen-Codes erzählen, denn sie ist der Beginn der soeben angesprochenen unglaublichen Entdeckung, dass wir unsere Gene beeinflussen können.

Im Jahre 1953 schrieb Francis Crick seinem zwölfjährigen Sohn Michael, der damals im Internat krank im Bett lag, einen Brief, in dem er ihm berichtet, dass er mit seinem Kollegen James Watson eine der wohl wichtigsten Entdeckungen für die Menschheit gemacht habe. »Wir haben ein Modell von der Struktur der Desoxy-ribose-nuklein-säure (lies es sorgfältig) gebaut, abgekürzt D.N.S. genannt.(englisch DNA).« Er beschrieb in der Folge seinem Sohn, wie wunderschön diese DNA-Doppelhelix-Struktur aussehen würde, welche die Erbinformationen des menschlichen Lebens enthalten würden und wies einmal mehr auf die Wichtigkeit für die gesamte Menschheit hin. Er schrieb, er sei sich sicher, dass er und Jim den Kopiermechanismus gefunden hätten, durch den menschliches Leben erzeugt werde.[56] Mit seiner Behauptung lag Crick nicht so falsch. Er und sein Freund James Watson wurden 1962 für die Entdeckung der Doppelhelix DNS/DNA mit dem Nobelpreis ausgezeichnet, eine Ehre, die nur sehr wenigen Wissenschaftlern zuteilwird. Wie wichtig dieses Ereignis für die Menschheit war, zeigte auch die Tatsache, dass eben dieser Brief, den Francis Crick 1953 an seinen Sohn schrieb, 2014 bei einer

Auktion für 6 Millionen Dollar versteigert wurde.[57] Doch die Entdeckung der DNA-Struktur war nur der Anfang. Man wusste zwar nun, wie die Struktur aussah, die das menschliche Erbgut enthielt, aber war man noch weit davon entfernt, dieses zu entschlüsseln, und es fehlten auch die Technologien, um dies zu tun.

Erst im Jahre 1990 kam wieder richtig Schwung in die Sache, denn damals wurde das sogenannte Human Genome Project gegründet, mit dem Ziel, das menschliche Gen zu entschlüsseln. Dieses Projekt war das bislang größte und teuerste Wissenschaftsprojekt der Welt. Die Kosten dafür wurden mit rund 3 Milliarden US-Dollar veranschlagt.[58] In erster Linie waren amerikanische Wissenschaftler involviert, die rund 60 Prozent der Arbeit erledigten. Weitere 25 Prozent verrichteten die Engländer. Über die Jahre (das ganze Projekt dauerte bis 2003) gesellten sich auch andere Länder wie Frankreich, Japan, China und schlussendlich auch Deutschland dazu. Zu diesem Zeitpunkt herrschte unter den führenden Wissenschaftlern große Uneinigkeit darüber, wie viele Gene der Mensch denn genau besitzen würde. Man hatte bereits Erfahrungen mit kleinen Tieren, da es einfacher war, deren Gene zu quantifizieren, als jene des Menschen. Eine Fliege hat rund 10 000 Gene, ein Wasserfloh, ein Tierchen so klein, dass es kaum für das bloße Auge sichtbar ist, verfügt bereits über 30 000 Gene. Die Schätzungen der Forscher gingen von mindestens 30 000 bis weit über 100 000 Genen bei den Menschen aus. Genau wusste man das aber erst, wenn der Code geknackt war und man die sogenannten proteinkodierenden Gene aussortieren konnte, denn allein diese zählten, da nur aus diesen Leben entsteht.

Wenn Sie das alles ein bisschen kompliziert finden, so kann ich Sie verstehen. Es ging mir zu Beginn, als ich anfing, mich mit der menschlichen Genetik zu beschäftigen, genauso. Ich war es damals bereits gewohnt, Bücher mit einem wissenschaftlichen Hintergrund zu lesen, denn Bücher, welche die Funktionsweise des Gehirns erklären, sind nicht immer einfach zu verstehen. Doch nach 20 Seiten des ersten Buchs über die menschliche Genetik legte ich dieses beiseite, denn es war alles sehr verwirrend. Ribonukleinsäure, Genexpression, Proteinbiosynthese, mRna, tRNA, Doppelhelix, Nukleotide, Codons, Anticodon, und warum sprachen manche von DNA und andere von DNS? Ich begriff, ich musste mich zuerst mit den Fachausdrücken auseinandersetzen, um zu verstehen, wie diese Dinge zusammenspielen. Ansonsten hätte ich keine Chance, diese so faszinierende Wissenschaft zu verstehen. Ich wusste auch, warum ich das alles verstehen wollte, denn ich hatte bereits überzeugende Bücher darüber gelesen, wie sehr das menschliche Verhalten unsere Gene beeinflussen kann und welchen enormen Unterschied dies für unser Leben ausmachen konnte. Doch ich verstand schnell, dass ich noch nicht genug begriff, um die Erkenntnisse umsetzen zu können. Hätte ich selbst je an meinem so gerne verwendeten Spruch »Wissen ist keine Macht, erst wenn man weiß, wie man dieses Wissen anwendet, ist es Macht« Zweifel gehabt, sie wären spätestens jetzt weg gewesen. Ohne ein tiefes Verständnis dafür, wie unser Körper, unser Gehirn und wir als Menschen funktionieren, macht die Funktion der menschlichen Genetik keinen Sinn, denn hierbei geht es um eine unglaubliche wissenschaftliche Tatsache, die beweist, wie wichtig unser Denken für unsere Gene ist! Es ist alles miteinander verbunden, unser Denken, unser Gehirn, unsere Gene, unsere Gesundheit, unser Wohlbefinden, ja sogar unser Glück und unser Erfolg. Davon bin ich fest überzeugt und nicht nur ich. Viele Wissenschaftler und Forscher, die weitaus klüger und gebildeter sind als ich[59], teilen diese Meinung, und daher ist mir dieses Buch ein besonderes Anliegen. Ich werde diese wichtigen Zusammenhänge für Sie kompakt in der 95/5-Formel zusammenfassen, denn als Nicht-Mediziner weiß ich genau, wie mühsam eine Aneinanderreihung von Fachbegriffen ist, und ich werde daher versuchen, soweit wie möglich, darauf zu verzichten und Ihnen das Wunder der menschlichen Genetik auf leicht verdauliche Weise servieren.

Damit zurück zu der Anzahl der Gene, die wir Menschen in uns tragen. Wenn kleine Tiere bereits 10 000 bis 30 000 Gene haben, dann scheint es doch nur logisch, dass der Mensch, der das wohl komplexeste Lebewesen auf unserem Planeten ist, deutlich mehr Gene in sich tragen muss, um diese Komplexität des Lebens immer wieder reproduzieren zu können. Sie können sich sicher vorstellen, dass nicht nur die Welt, sondern insbesondere auch die Wissenschaftler sehr erstaunt waren, als man beim Abschluss des Human Genome Project im Jahre 2003 verkündete, man hätte im menschlichen Erbgut nur gerade rund 21 000 proteinkodierte Gene gefunden. Ein Wasserfloh hat 30 000 Gene, ein Mensch rund 30 Prozent weniger? Auf den ersten Blick macht das keinen Sinn. Die Wissenschaft hatte erwartet, dass man bei Abschluss des Projekts einen hell erleuchteten Raum betreten würde und die Geheimnisse des Lebens endlich alle sichtbar würden. Doch aus dem hell erleuchteten Raum wurde eher ein langer Tunnel, an dessen Ende ein schwaches Licht sichtbar war. Dies war 2003. Einige Jahre später, im Jahr 2018, zeigten neueste Forschungsergebnisse sogar auf, dass wir Menschen wahrscheinlich sogar noch weniger als 21 000 verschiedene Gene besitzen, denn es stellte sich heraus, dass einige der zuerst mit dazu gezählten Gene keine sogenannten proteinkodierten Gene waren, also kein menschliches Leben in dem Sinne erzeugten. Dazu muss noch erwähnt werden, dass nur etwa 2 Prozent der menschlichen Gene proteinkodierte Gene sind. 98 Prozent der Gene wurden lange Zeit als Junk-DNA bezeichnet, bis man herausfand, dass einige der als Junk-DNA bezeichneten Gene regulatorische Fähigkeiten hatten, wie etwa die Aktivierung oder Deaktivierung von Genen. Doch diese Gene machten nur rund 3 Prozent aus, zusammen mit den 2 Prozent proteinkodierten Genen, womit noch immer die klare Bedeutung der restlichen 95 Prozent nicht genau erschlossen ist. Wenn Sie jetzt hier wieder meine 95/5-Formel vermuten, so fühle ich mich zwar geehrt, diese sogar im menschlichen Erbgut nachgewissen zu haben, aber wenn ich ehrlich bin, ist das im Moment eher ein Zufall. Doch wer weiß? Die Wissenschaft hat uns ja schon so manche

Überraschung bereitet, vielleicht kann sich die 95/5-Formel in der Zukunft sogar in der menschlichen Genetik durchsetzen.[60]

Doch wie schaffen es unsere rund 20 000 Gene, das so komplexe menschliche Leben immer wieder zu reproduzieren und sogar weiterzuentwickeln? Eine der Antworten liegt in der Länge der Gensequenz. Während der Wasserfloh zwar stolze 30 000 Gene vorweisen kann, ist jede Gensequenz bei ihm nur etwa 200 Millionen Buchstaben lang.[61] Als eine Gensequenz wird die Abfolge des jeweiligen Gen-Codes bezeichnet. Wenn Sie es ausnahmsweise mal kompliziert haben wollen: Eine Gensequenz, auch Nukleotidsequenz genannt, ist die Abfolge der Nukleotide einer Nukleinsäure. Der Wasserfloh hat also eine 200 Millionen Buchstaben lange Sequenz. 200 Millionen, das klingt jetzt nach ganz schön viel, aber die Buchstabenfolge einer menschlichen Gensequenz ist mehr als 3 Milliarden lang und die Möglichkeiten sind damit unvorstellbar vielfältiger und größer als bei allen anderen Lebewesen.

Doch das sind noch nicht alle Vorteile, die wir Menschen hinsichtlich unserer Genetik gegenüber allen anderen Lebewesen haben. Wir verfügen noch über eine andere, erst vor Kurzem entdeckte Fähigkeit, aus der sich ein neuer, junger und dynamischer Forschungszweig entwickelt hat, die Epigenetik. Epigenetik bedeutet lose übersetzt, das, was über den Genen liegt und ist die Wissenschaft, die sich damit befasst, wie wir als Menschen und unsere Umwelt unsere Gene beeinflussen können. Sollten Sie das Wort Epigenetik noch nie gehört haben, so macht das nichts, aber bitte merken Sie sich das Wort. Sie werden es in Zukunft noch oft hören oder lesen und ich spreche nicht nur von diesem Buch, sondern davon, dass es schon bald in aller Munde sein wird.

Ich kann nichts dafür, das liegt an meinen Genen

Wir gehen davon aus, dass wir mit den Genen, die uns unsere Eltern vererbt haben, leben müssen, und je nachdem, wie gut diese sind, werden wir wie unsere Eltern auch mehr oder weniger erfolgreich, mehr oder weniger glücklich, mehr oder weniger gesund, und irgendwann bekommen wir wie unsere Tante vielleicht sogar eine Krankheit, unter Umständen sogar Krebs. Man weiß doch, Krebs wird wie eine Veranlagung für Übergewicht oder Herzprobleme über Generationen durch die Gene vererbt. Dies ist zumindest der weitverbreitete Glauben der meisten Menschen.

Es ist korrekt, dass wir die Gene unserer Eltern erben, welche die Gene wiederum von ihren Eltern geerbt haben, und dabei gibt es natürlich Ähnlichkeiten in der Haarfarbe, der Größe der Nase, der Ausformung der Ohren oder an anderen Körperstellen. Doch Gene können auch für richtig gemeine Dinge verantwortlich sein; wenn eine Mutter permanent mit Übergewicht kämpft, ist die Chance groß, dass die Tochter davon auch schon bald betroffen ist. Die Tochter verweist dann auf die Gene und kann zum Beweis ihre Mutter angeben, von der sie diese Gene vererbt bekommen hat. Findet sich dann noch eine übergewichtige Person in der Verwandtschaft, ist der Beweis der dickmachenden Gene schnell erbracht. Insbesondere Probleme mit Übergewicht werden von Betroffenen oft auf eine Veranlagung reduziert. Aber kann dies auch wissenschaftlich bestätigt werden? Das ist die richtige Frage! Wenn wir nämlich berücksichtigen, wie viele Menschen allein in Deutschland an Übergewicht leiden, dann muss man sich fragen, ob denn tatsächlich so viele Menschen diese Gene, die Übergewicht verursachen oder zumindest begünstigen, in sich tragen. Ab einem Body-Mass-Index von größer als 25 gilt man als übergewichtig, ab einem Index von größer als 30 wird man bereits als adipös, also krankhaft fettsüchtig, bezeichnet. Gemäß einem Bericht des Robert Koch-Instituts waren im Jahr 2012 in Deutschland 53 Prozent der Frauen und erschreckende 67 Prozent der Männer übergewichtig.[62] Sie hatten also einen Body-Mass-Index von mehr als 25! Da fällt es nicht schwer, in der Verwandtschaft weitere Beispiele für die bösen Gene zu finden, die man geerbt hat.

Aber sind es wirklich die Gene, oder liegt es eher an unserem Verhalten? Oder hängt das eine sogar mit dem anderen zusammen? Es ist tatsächlich so, dass die Wissenschaft Gene gefunden hat, die Übergewicht, ja sogar extremes Übergewicht verursachen können.[63] Eines dieser Gene ist in den letzten Jahren intensiv studiert worden und man stellte tatsächlich fest, dass es dafür sorgen kann, dass wir mehr Hunger als andere Menschen haben, also mehr Kalorien zuführen und gleichzeitig weniger Kalorien verbrennen. Eine umfassende Studie mit übergewichtigen und extrem übergewichtigen Menschen konnte dann dieses Gen bei genau 2 Prozent der Untersuchten feststellen, die anderen 98 Prozent hatten es ohne dieses Gen geschafft, derart übergewichtig zu werden[64].

Ich möchte damit exemplarisch aufzeigen, dass wir für alles Erklärungen finden können. Die Frage ist nur, ob sie tatsächlich auf uns zutreffen oder ob wir sie als Ausreden verwenden. Wir Menschen verfügen über eine Fähigkeit, über die kein anderes Lebewesen auf unserem Planeten verfügt: Wir können uns eine Geschichte so lange immer wieder erzählen, bis wir sie selbst glauben, und das tun wir auch. Daher auch mein immer wieder verwendeter Spruch: »Wir sind die Geschichte, die wir uns immer wieder erzählen.« Leider machen wir hier immer wieder den Fehler und konzentrieren uns dabei auf das Negative. Dafür ist der Teil in unserem Gehirn verantwortlich, den wir Reptiliengehirn nennen. Es handelt sich dabei um unseren Gehirnstamm, er ist der älteste Teil unseres Gehirns und ist noch immer primär darauf ausgerichtet, unser Überleben zu sichern. Wenn Sie sich jetzt fragen, was das Denken nun mit unseren Genen zu tun hat, so kann ich Ihnen sagen: sehr viel. Die Art, wie wir denken, beeinflusst unsere Gene. Lange Zeit war man sich dessen nicht bewusst, doch heute wissen wir, unser Denken, unser ganzes Tun und Handeln beeinflusst unsere Gene enorm. Die Art, wie wir denken, kann nicht den genetischen Code unserer Gene verändern, aber unser Denken, Tun und Handeln kann beeinflussen, welche Gene wir aktivieren und welche wir deaktivieren. Denn die Forschung der Epigenetik hat genau das herausgefunden[65]. Wir Menschen können die Aktivierung und die Deaktivierung unserer Gene durch unser Denken und unsere Umwelt, die wir damit erschaffen, beeinflussen, und das ändert alles, denn es nimmt die Verantwortung von anderen und bringt sie direkt zurück zu uns, für praktisch alles in unserem Leben. Das zu wissen, sich das bewusst zu machen und dann zu verinnerlichen, gehört zu den wichtigsten Erkenntnissen, die man im Leben für sich gewinnen kann.

Alle Menschen tragen die Veranlagung für so ziemlich alle Krankheiten ein Leben lang in ihrem Körper mit sich herum. Sowohl über die Haut als auch über unsere Nahrung führen wir dem Körper permanent schädliche Bakterien, Krankheitserreger, Viren und Pilze zu, mit denen sich der Körper auseinandersetzen muss. Das ist auch gar nicht weiter schlimm, denn wir verfügen über ein hervorragendes Immunsystem, das den Ausbruch dieser Krankheiten immer wieder verhindert. In der Regel bekommen wir von alldem gar nichts mit, denn der Körper bekämpft all diese Fremdkörper permanent und selbstständig. Erst wenn unser Immunsystem geschwächt ist, kann es zu Problemen kommen. Diese Situation kennen wir in der Regel unter dem Begriff »Grippe«. Dann legen wir uns ein paar Tage hin, gönnen unserem Körper etwas Ruhe, und in einer Woche sind wir wieder auf dem Damm. Doch was ist, wenn unser Immunsystem dauerhaft geschwächt wird, wenn es keine Möglichkeit mehr hat sich zu erholen und gegen all die Fremdkörper anzukämpfen? Nun, dann werden wir ernsthaft krank. Je nach Krankheit und Symptomen kann es sogar sein, dass wir hospitalisiert werden müssen, da der Körper überfordert ist.

Jetzt ist es wohl für die wenigsten ein Geheimnis, dass Stress für unser Immunsystem auf Dauer nicht gut ist und es stark schwächen kann. Sie kennen das, wenn Sie jemanden treffen, den Sie kennen und ihn fragen, wie es ihm geht. In der Antwort kommt fast immer das Wort »Stress« vor. Alle sind im Stress, egal ob am Arbeitsplatz oder im Privatleben. Meist beginnt der Stress ja schon beim Aufstehen. Auf dem Weg zur Arbeit, ob mit dem Auto, dem Bus oder der Straßenbahn geht der Stress in der Regel los und endet erst, wenn Sie am Abend zu Hause auf der Couch liegen. Dann schauen wir uns andere Menschen im Fernsehen an, die noch viel mehr Stress und Ärger haben als wir. Manche freuen sich sogar insgeheim, dass es anderen noch schlechter geht. In manchen Kreisen, so könnte man sagen, gehört es zum guten Ton, Stress zu haben, denn das zeigt, dass man wichtig ist und gebraucht wird, ganz besonders, wenn der Stress sich auf die Arbeit bezieht.

Doch was passiert eigentlich in unserem Körper, wenn wir Stress haben? Warum ist dieser Stress so ungesund, wie alle immer behaupten, und ist er es wirklich? Die Menschen früher hatten doch auch Stress und wurden deswegen nicht krank. Ja, das stimmt. Stellen Sie sich mal den Stress vor, wenn Sie nichtsahnend durch den Wald laufen und plötzlich taucht vor ihnen ein Säbelzahntiger auf. Da gab es nur ihn oder Sie und der Stresslevel schoss in Millisekunden von null auf 100. Die Menschen damals wussten, dass, wenn sie fliehen wollten, ihnen nur wenige Minuten bleiben würden, um sich auf einen Baum oder in eine Höhle zu retten, danach war die Kondition weg und der Säbelzahntiger war der Gewinner. Dasselbe galt für den Kampf. War der Tiger aber weg, so beruhigten sich die Menschen schnell wieder und waren froh und glücklich darüber, noch am Leben zu sein. Heute sind solche lebensbedrohlichen Situationen zum Glück in unserem Alltag nicht mehr anzutreffen. Allerdings sind wir wahre Meister darin geworden, um ein Vielfaches mehr gestresst zu sein als alle Menschen, die je vor uns gelebt haben, trotz all unserer technischen Errungenschaften und Annehmlichkeiten. Wir sind gestresst wegen unserem Job, unserem Arbeitskollegen, unserem Nachbarn, einem anderen Verkehrsteilnehmer, unserem Exmann oder unserer Exfrau und so weiter. Kurz gesagt, wir schaffen es gemäß dem Neurowissenschaftler Dr. Joe Dispenza, bis zu 70 Prozent unseres gesamten Tages unter Stress zu verbringen. Dispenza geht auch davon aus, dass es genau dieser Stress ist, der uns auf Dauer krank macht.[66]

Und damit gehen wir nun zurück zu der Frage, was in unserem Körper passiert, wenn wir Stress verspüren. Die Stressfunktion wurde ursprünglich dafür entwickelt, um sich in lebensbedrohenden Situationen besser wehren zu können, wie in dem Beispiel mit dem Säbelzahntiger. Unter Stress ist der Körper ist in der Lage, innerhalb von Millisekunden die hormonelle Zusammensetzung durch das Ausschießen von Adrenalin, Noradrenalin und Cortisol zu ändern. Blutdruck und Puls erhöhen sich, die Sauerstoffaufnahme steigt an und wir haben mehr Kraft für unsere Flucht oder den Kampf, da gespeicherte Energie in unseren Körperdepots sofort aktiviert werden kann. Das ist eine geniale Eigenschaft unseres Körpers, eine Art Turboboost, wenn Sie so wollen. Doch was passiert, wenn diese Stresshormone immer und immer wieder ausgestoßen werden in unserem Körper? Dazu ist es ganz wichtig zu wissen, dass der Körper unter Stress alle Funktionen, die nicht direkt hilfreich sind, um zu flüchten oder zu kämpfen, drastisch reduziert und teilweise ganz ausschaltet. Unsere Verdauung wird auf ein Minimum reduziert, damit auch die Aufnahme und Verarbeitung wichtiger Stoffe aus der Nahrung. Alle Heilungsprozesse im Körper werden unterbrochen oder ganz deaktiviert, denn für den Körper geht es darum, zuerst das Leben zu sichern. Warum soll er sich in solchen Situationen mit der Heilung und dem Aufbau von gesunden Zellen beschäftigen? Selbst in unserem Gehirn sind die Auswirkungen von Stress deutlich erkennbar. Wir machen mehr Fehler unter Stress, nicht weil wir so viel zu tun haben, sondern weil unser Gehirn genau wie unser Körper im Überlebensmodus läuft. Die Verbindungen zwischen Kurz- und Langzeitgedächtnis sind gestört, daher vergessen wir unter Stress so vieles. Die Bereiche, die für logisches und rationales Denken zuständig sind, werden unter Stress zunehmend deaktiviert und wir bewerten die

Situationen in unserer Amygdala, in der auch das Angstzentrum liegt, und werden daher schnell panisch (Was ist, wenn ich den Abgabetermin nicht schaffe?). Unsere Handlungen werden immer mehr von emotionalen Ängsten getrieben, aber da uns das rationelle Denken durch die Stresshormone abhandengekommen ist, sehen wir das nicht, und die Stressspirale dreht sich immer weiter nach oben. Mit der Zeit gewöhnen wir uns sogar an unser stark erhöhtes Stresslevel und denken, das sei normal. Die weiteren Folgen davon kennen wir alle. Schlafstörungen, Verdauungsprobleme, Müdigkeit, Leistungsmangel, Antriebslosigkeit, und irgendwann werden wir vielleicht ernsthaft krank. Burn-out, Herz-Kreislauf-Beschwerden, Diabetes, Kopfschmerzen, Schlaflosigkeit oder sogar ein Herzinfarkt stehen auf der Liste der Stresserkrankungen ganz oben.

Und wie soll uns ein vertieftes Wissen über unsere Gene nun helfen, mit solchen Situationen besser umzugehen? Nun, es fängt damit an, dass man sich erst einmal der wirklich negativen Folgen von Stress bewusst wird und dies in allen Bereichen des Lebens berücksichtigt. Wichtig aber ist es zu verstehen, wie unser Denken, unser Tun und Handeln, unsere Gene und damit ganz direkt unsere Gesundheit beeinflusst. Ich habe es schon kurz angesprochen, der Mensch hat die einzigartige Fähigkeit, seine Gene zu aktivieren und zu deaktivieren. Unsere Gene reagieren auf unser Denken und auf unsere Umwelt, die wir uns in der Regel mit unserem Denken und den daraus entstehenden Handlungen erschaffen. Es sind unsere Gene, welche dann unseren Körperzellen sagen, was gebaut werden soll und wie es gebaut werden soll, und die Wissenschaft hat in den letzten Jahrzehnten gewaltige Fortschritte darin gemacht, diese Prozesse von Genen und Zellen zu verstehen. Dachte man früher, dass der Körper einfach die Zellen herstellen würde, die er benötigt, und eine Blutzelle sei eine Blutzelle und eine Muskelzelle eine Muskelzelle, so weiß man es heute besser. Ob diese rund 50 Millionen Zellen, die der Körper jede Sekunde neu erstellt, gesund oder ungesund sind, darüber entscheidet nicht unsere DNA, also unser Gen-Code, sondern wir entscheiden es selber. Bereits in den 80er- und 90er-Jahren des letzten Jahrhunderts hatten Zellbiologen wie Prof. Bruce Lipton es geschafft, eine einzelne Körperzelle zu isolieren und dann zu reproduzieren. Dabei wurde die Umgebung der Zelle mit winzigen Beigaben von menschlichem Blut simuliert, denn dies ist auch die Umgebung einer Zelle, die im Körper neu geboren wird. Es stellte sich heraus, dass manche Zellen sehr gesund waren und lange lebten, während andere sehr schwach waren und schnell starben[67]. Diesen Umstand hätte man früher wahrscheinlich noch auf die unterschiedliche DNA des Spenderbluts reduziert. Doch Forscher wie Bruce Lipton fanden heraus, dass es die hormonelle Zusammensetzung des Blutes war, die den Unterschied ausmachte.

Drücken wir es einmal einfach aus: Ist Ihr Blut mit Stresshormonen verseucht, sind Ihre Zellen schwach und sterben schnell ab. Ist Ihr Hormonspiegel aber auf einem gesunden Level, sind die Zellen viel stärker und somit auch Ihr Immunsystem, und es kann sich gegen alle möglichen Angreifer zur Wehr setzen.

Unser Denken beeinflusst, welche Hormone wir ins Blut ausstoßen, also die Art und Weise, wie unsere Zellen geboren werden, ob gesund oder ungesund. Unser Denken entscheidet aber auch darüber, welche Gene wir aktivieren oder deaktivieren, und das ist besonders wichtig, wenn man weiß, dass wir alle Gene in uns tragen, die Krebs oder andere Krankheiten verursachen können. Stress, Übergewicht und schlechte Ernährung deaktivieren wichtige Zellen, die wir für ein gesundes Immunsystem benötigen. Inzwischen weiß auch so ziemlich jeder, dass Nikotin Krebs verursachen kann, und der Grund liegt darin, dass Nikotin die Aktivierung von Krebszellen begünstigt, insbesondere in Kombination mit Stress. Unsere hormonelle Zusammensetzung im Körper, die durch unser Denken und unser Handeln sowie durch unsere Emotionen gesteuert wird, regelt, wie gut Gene für die Bildung von neuen Zellen ablesbar sind. Ich verzichte an dieser Stelle darauf, Ihnen die genauen Vorgänge zu erklären, denn es wäre nur eine Aneinanderreihung von Fachausdrücken und Fremdwörtern. Wichtig jedoch ist, dass unsere Zellen von unserem Körper ein Signal bekommen, welche Zellen abgelesen werden sollen und welche nicht. Je nachdem, wie wir mit unserem Körper umgehen, wie wir uns ernähren, wie viel Stress wir haben, sind dies unterschiedliche Signale. Es ist unter Stress nicht so, dass der Körper den Zellen den Befehl gibt, krank machende Gene abzulesen, sondern vielmehr so, dass die Zelle kein Signal bekommt, wichtige Zellen, wie jene beispielsweise zur Bildung von Lymphozyten, abzulesen und zu produzieren. Lymphozyten sind sogenannte Killerzellen und greifen Krankheitserreger an. Es gibt auch Lymphozyten, die Antikörper mit einem Erinnerungsvermögen bilden, sodass die Erreger, wann immer sie auftauchen, immer wieder vernichtet werden. Da aber der Körper unter Stress viele Funktionen ausschaltet, werden diese Gene nicht abgelesen und das Immunsystem wird immer schwächer und der Körper immer verwundbarer.

Denken Sie sich gesund

Unser Denken beeinflusst sehr viel, letzten Endes auch die Ablesbarkeit von Genen! Wie aber steuern wir denn nun unsere Gene? Sie haben wahrscheinlich schon vorher gewusst, dass Stress nicht wirklich gesund ist, aber wir können ja nicht einfach so von heute auf morgen mit unserem stressigen Leben Schluss machen und es geht auch nicht darum, von heute auf morgen alles zu ändern. Aber nachdem wir uns der Auswirkungen von Stress bewusster geworden sind und auch wissen, dass wir durch unser Denken die Macht auch über unseren Körper haben, bildet dies doch zumindest eine Grundlage, auf der wir aufbauen können.

Hinzukommt, dass wir bereits einige sehr wichtige Punkte innerhalb der 95/5-Formel angesprochen haben, die Ihnen helfen können, Stress zu reduzieren. Denken Sie nur an die erste und letzte

Stunde des Tages. Organisieren Sie die ersten Stunden des Tages und Sie haben 95 Prozent des Tages bereits am Morgen gewonnen. Wenn Sie diese Tipps Stück für Stück umsetzen, wird sich Ihr Stresslevel automatisch reduzieren. Auch über das Essen, bei dem die Vorbereitung 95 Prozent ausmacht, und über den Sport haben wir gesprochen. Vergessen Sie aber nicht, Ihre stärkste Waffe innerhalb der 95/5-Formel ist Ihr Unterbewusstsein! Was immer Sie in Ihrem Leben ändern möchten, nutzen Sie dazu die gewaltige Macht des Unterbewusstseins. Wenden Sie die Einschlaftechnik an, um sich neues Verhalten beizubringen.

Es gibt aber noch einen Weg, Theta zu erreichen. Der Weg beinhaltet ein Thema, über das man ganze Bücher schreiben kann. Es hat mir geholfen, all die Dinge, die ich angesprochen habe, umzusetzen und in mein Leben zu integrieren. Ich spreche von Meditation. Wenn ich Menschen darauf anspreche, gibt es wenige, vielleicht 5 Prozent, die nicken und mich anstrahlen. Die große Mehrheit von circa 95 Prozent schaut mich dann jeweils mit eher verwundertem oder ungläubigem Blick an, und ich kann schon sehen, welche Bilder in ihrem Kopf entstehen: der bärtige Mann, in einen Umhang gekleidet, der auf einem unbequemen Felsen sitzt und mit geschlossenen Augen den ganzen Tag ins Nichts starrt. Ich muss gestehen, mein Bild, das ich vor Jahren darüber hatte, sah auch nicht viel besser aus. Für mich war Meditation etwas, das nur sehr spirituell veranlagte Menschen machen. Menschen in Sandalen, die in den Wald gehen, Bäume umarmen und dann davor meditieren. Es begann damit, dass ich eine Studie las, die sich mit Meditation befasst hatte und mich aufhorchen ließ. Ich konnte das Ganze aber noch nicht so richtig einordnen, also tat ich, was ich Ihnen auch schon empfohlen hatte. Ich fragte kurz vor dem Einschlafen mein Unterbewusstsein, was es von Meditation halten würde. Einige Tage später entdeckte ich eine Werbung, bei der Teilnehmer für eine Studie gesucht wurden. Es ging darum, die Leistung des Gehirns mittels Gehirnscans zu testen. Ich meldete mich sofort per E-Mail und wurde innerhalb von Stunden kontaktiert und vereinbarte, an der Studie teilzunehmen. Zu diesen Zeitpunkt führte mich einfach mein Interesse für das menschliche Gehirn diesen Weg entlang, was das mit Meditation zu tun hatte, wusste ich damals noch nicht. Einmal mehr hatte ich für mich einen 100-prozentigen Beweis erbracht, wie stark unser Unterbewusstsein ist, denn es führte mich, wie ich wenig später feststellte, genau dahin, wo ich die Antworten bekam, die ich kurz zuvor meinem Unterbewusstsein gestellt hatte.

Eine israelische Hightechfirma hatte zusammen mit Elitestudenten der Universität Haifa ein System entwickelt, um Gehirnscans völlig einfach und bedenkenlos durchzuführen. Diese Art von Gehirnscan basierte auf der Elektroenzephalografie, kurz EEG, genannten Messmethode. Diese Methode hat sich in den letzten Jahren durchgesetzt, um die elektrische Aktivität des Gehirns durch Spannungsschwankungen zu messen. Dazu setzte ich mich auf einen Stuhl vor einen Monitor. Danach bekam ich eine Art Badekappe über den Kopf gezogen, die mit etwa 100 Gumminoppen besetzt war, die über meine Haare mit der Kopfhaut verbunden waren. Einige der Noppen waren auch auf meiner Stirn und meiner Schläfe angebracht. Wir hatten ja bereits weiter im zweiten Kapitel geklärt, dass unsere Neuronen im Gehirn mittels elektrischer Impulse an den Synapsen miteinander kommunizieren. Diese Gumminoppen haben nun, während mein Gehirn gearbeitet hat, die elektrischen Impulse gemessen und auf dem Bildschirm sichtbar gemacht. Ich wurde dann durch eine Reihe von Tests geführt, bei denen ich dann sehen konnte, wie gut und wie schnell mein Gehirn arbeitete. Eine erste Auswertung der Tests zeigte, mein Gehirn war gesund und meine Funktionen waren alle in einem guten Bereich einzuordnen. Meine heimliche Hoffnung auf die Entdeckung eines versteckten Genies musste also der Normalität weichen. Doch nun fragte mich die leitende Ärztin, ob ich den Test nochmals machen wollte, aber mit einer vorangegangenen Meditation. Da ich ja kurz davor etwas in einer Studie über Meditation gelesen hatte und so insgeheim auf eine weitere Chance für die Entdeckung meines Genies hoffte, willigte ich ein.

Ein paar Tage später erschien ich wieder zum Test. Ich hatte bis dahin noch nie meditiert. Die Ärztin führte mich in einem Raum, in dem es angenehm roch und das Licht gedämpft war. Ich setzte mich in einen bequemen Stuhl und bekam einen Kopfhörer, den ich aufsetzte, und ich hörte schöne entspannende Musik. Sie sagte mir einfach, ich solle versuchen, die Musik zu genießen und meine Gedanken laufen zu lassen. Ich war zuerst ein bisschen enttäuscht, hatte ich doch erwartet, jetzt in die komplexe Materie der Meditation eingewiesen zu werden, mit irgendwelchen speziellen Atemtechniken, einem dünnen Kissen am Boden und einer Anleitung von einem Mann mit einem Umhang oder zumindest mit jemandem in Sandalen, doch nichts von all dem passierte. Ich saß einfach da und lauschte der sehr angenehmen Musik. Die Ärztin hatte noch erwähnt, ich solle zehnmal tief ein- und ausatmen, und hatte ergänzt, man würde mich in ein paar Minuten wieder abholen. Als sie zurückkam, sagte sie: »Es tut mir leid, dass es so lange gedauert hat, aber wir mussten das Programm neu starten.« Ich fragte sie, wie lange ich denn in dem Raum gewesen sei. »30 Minuten sicher«, sagte sie und ich war erstaunt, denn ich konnte nicht sagen, ob es sich wie 5 oder wie 60 Minuten angefühlt hatte. Aber ich musste zugeben, ich fühlte mich ganz gut, und als sie, während sie mir die Gumminoppen wieder auf dem Kopf verteilte, sich erkundigte, was mir denn in den letzten 30 Minuten so durch den Kopf gegangen sei, konnte ich das gar nicht wirklich beantworten.

Ich durchlief dann nochmals ein Testprogramm, aber mit anderen Fragen und Aufgaben als in dem Test, den ich einige Tage zuvor gemacht hatte. Ich hatte also keinen Vorteil davon, dass ich den Test schon einmal absolviert hatte. Darauf hatten die Elitestudenten der Universität Haifa bei der Entwicklung des Tests geachtet, denn ich merkte sofort, dass alles für mich neu war. Bei einem der Tests musste man bei einer bestimmten Abfolge von Tönen mit dem Finger eine Taste drücken, aber nur, wenn die Abfolge so war, wie es einem am Anfang ein paar Mal vorgespielt worden war. Der Test erforderte viel Konzentration, denn er ging über 400 Abfolgen, von denen ich beim ersten Mal 358 richtig hatte, was ganz gut war. Unter 300 wäre eher schlecht gewesen, ab 350 ist es gut und über 380 wäre sehr gut. Allerdings, und das war es, was mich ein bisschen traurig gestimmt hatte, gab es Menschen, die es auf 400 geschafft hatten, und rund 3 Prozent schafften es auf 395 oder mehr. Meine 358 waren zwar gut, aber gut ist vieles, und ich wollte diesmal deutlich besser abschneiden. Aber es gab nichts, was ich hätte beeinflussen können. Da ich die Tonfolge vorher nicht kannte und es rund 40 Millionen verschiedene Möglichkeiten gab, konnte ich sie nicht lernen, und so saß ich da nun und konzentrierte mich auf die Tonfolgen, damit ich immer, wenn die richtige kam, drücken konnte.

Als die Tests zu Ende waren, spürte ich die Anstrengung. Dennoch fühlte ich mich zufrieden. Ich war geistig erschöpft, aber nicht so sehr wie beim letzten Test, denn ich kannte ja inzwischen das Prozedere ein bisschen. Während ich da nun noch so auf dem Stuhl saß, mit den Gumminoppen auf dem Kopf und die Ärztin nebenan den Test auswertete, sah ich auf dem Monitor vor mir meine Gehirnwellenfrequenz, die in Wellen angezeigt wurden, die schön gleichmäßig verliefen. Nur alle paar Sekunden senkten sich die Gehirnwellen ganz kurz stark ab und schlugen danach sofort wieder nach oben aus. Als die Ärztin zu mir kam, fragte ich sie, was denn da los sei mit meinem Gehirn. War das ein Wackelkontakt, ein lockerer Draht, oder versuchte da am Ende das Genie auszubrechen?

Sie lächelte und sagte: »Nein, es ist alles in Ordnung. Was Sie hier sehen, ist das Blinzeln Ihrer Augen, jedes Mal, wenn Sie die Augen schließen. Ich verrate Ihnen jetzt ein kleines Geheimnis: Wir blinzeln nicht nur, weil wir unsere Netzhaut befeuchten müssen, denn dann könnten wir einmal pro Minute blinzeln, das würde reichen. Das Blinzeln, also das Schließen der Augen ist für unser Gehirn jedes Mal eine Minipause. Wir tun das pro Tag 20 000- bis 25 000-mal, zwar nur ganz kurz, aber für unser Gehirn ist es zusammengerechnet eine Pause von 7 bis 10 Sekunden, in der es sich ganz kurz erholen kann, wie Sie ja anhand der tiefen Gehirnwellenfrequenz

beim Blinzeln sehen können. Achten Sie mal darauf, abends, wenn Sie müde werden, beginnen Sie immer öfter zu blinzeln. Ihr Gehirn ist dann müde und braucht die Erholung.«

Ein paar Minuten später, nachdem ich meine Gumminoppen wieder abnehmen durfte, saß ich mit der Ärztin am Tisch und sie zeigte mir die Ergebnisse der heutigen Tests. Mich interessierte vor allem der Test mit der Tonabfolge, bei dem ich beim ersten Mal 358 von 400 richtig hatte. Als ich das Ergebnis sah, glaubte ich meinen Augen nicht. 398 von 400 waren korrekt und ich schwöre bis zum heutigen Tag, die beiden Fehler, die ich gemacht hatte, waren mir in den Moment, als ich drückte, bewusst gewesen. Ich fragte sie, wie es zu so einer Steigerung kommen konnte, und sie meinte nur, das läge an der Meditation. »Ja gut«, entgegnete ich, »ich habe mich ein bisschen entspannt, bevor ich den Test gemacht habe, aber einen solchen Unterschied kann das doch nicht machen?« Sie erklärte mir, dass meine Hirnströme wie die der meisten Menschen permanent ziemlich hoch seien. Dadurch sei das Gehirn dauerhaft stark belastet. Es könne das zwar gut verkraften, weil es von Natur aus unglaublich widerstandsfähig sei, aber die Leistungsfähigkeit lasse eben nach, je höher die permanente Belastung sei. Sie erklärte mir, man könne auch immer nur fünf bis sechs Stunden pro Nacht schlafen und funktioniere trotzdem gut, aber Menschen die sieben bis acht Stunden schlafen, haben eine höhere Leistungsfähigkeit. Das sei wissenschaftlich erwiesen und mit dem Gehirn sei es dasselbe. Meditation sei für unser Gehirn eine Erholung und daher sei das Gehirn nach einer kurzen Meditation über Stunden hinweg viel leistungsfähiger. In diesem Moment machte die Sache mit dem Blinzeln und der Pause für unser Gehirn noch mehr Sinn und ich verstand sofort, wovon sie sprach.

Seither habe ich mich dem Thema Meditation intensiver gewidmet und verschiedene Ansätze ausprobiert. Doch die einfache Entspannung für unser Gehirn ist für mich noch immer das zentrale Element. Manchmal, wenn ich mich gestresst fühle und es keine Möglichkeit zu meditieren gibt, schließe ich einfach für 30 Sekunden die Augen und atme ein paarmal tief ein und aus. Ich weiß ja, dass schon diese 30 Sekunden dem Gehirn eine Pause verschaffen, für die es drei Tage hätte blinzeln müssen. Ich kann es jedem nur empfehlen, Meditation auszuprobieren. Sie brauchen dazu auch keine Tipps von mir. Das Netz ist voll davon und das Wichtigste ist, es einfach mal zu machen, denn einfach mal handeln macht schon 95 Prozent aus.

Wenn das eine zum anderen kommt und der Kreis sich schließt

Die Erkenntnis, dass mein Denken sogar die Bildung von neuem Leben in meinem Körper beeinflusste, bestärkte mich in meinem Glauben, dass unser Denken die Quelle von allen war, das uns im Leben widerfuhr, und zwar im Guten wie im Schlechten. Es war auch der Moment, in dem ich mehr und mehr begriff, dass alles, was ich in meinem Leben je gesucht hatte, Glück, Erfolg, Liebe, Zufriedenheit, Erfüllung, schon längst da war. Es war in mir drin. Ich musste nur zulassen, dass all das geschehen konnte, und das konnte ich, indem ich mein Denken änderte. Ich verstand, dass ich und nur ganz allein ich für mein Glück im Leben verantwortlich war. Die Umstände, andere Menschen, schwierige Situationen waren schlussendlich nur Ausreden gewesen. Unser Denken oder Mindset macht den Unterschied aus, nicht unsere Gene, unser IQ, unsere Schulbildung, das Glück oder der Zufall.

Wir hatten inzwischen unser Unternehmen an einen international tätigen Konzern verkauft und in diesen überführt. Es war uns klar geworden, egal wie gut wir uns entwickelt hatten, wir konnten nicht weiter organisch wachsen. Die Gegenwehr der ganz Großen aus der Branche war zu stark. So kam es, dass wir aktiv nach einem Käufer Ausschau hielten und bereits nach kurzer Zeit ergab sich eine ideale Gelegenheit für uns. Wir überführten unsere

Top-Konzern-Kunden und arbeiteten ab sofort für einen neuen Arbeitgeber. Die Arbeit in einem Konzern war für mich eine spannende und interessante Erfahrung, doch es war auch eine große Umstellung. Entscheidungen hatten plötzlich viel längere Wege. Bürokratie wurde zu einem Teil des Alltages und Ideen, die wir früher in zwei Stunden umgesetzt hatten, benötigten Monate. Ich verstand schnell, dass dies nicht aufgrund eines Fehlers im System so war, sondern damit zu tun hatte, dass wir nun in einem riesigen Boot mit mehr als 15 000 Mitarbeitern saßen. Das war in keiner Weise vergleichbar mit unserem Start-up.

Es gab durchwegs auch spannende Einblicke, denn kurz bevor wir an Bord gekommen waren, hatte der Konzern eine Firma mit rund 1200 Mitarbeitern in Deutschland erworben, und wir waren Zeugen und bei der Integration des deutschen Unternehmens in den Konzern involviert.

Doch abgesehen von alldem hörte ich eine ganz andere Stimme in mir, die sagte: »Du hast ein Ende erreicht. Es ist Zeit, einen anderen Weg zu gehen.« Diese Stimme konnte ich anfänglich gar nicht verstehen, hatte ich doch bewusst das Gefühl, soeben ein neues Kapitel in meinem Leben aufgeschlagen zu haben. Das erste Jahr verging und die Stimme wurde lauter und die Zeichen wurden deutlicher. Als ich dann, nachdem ich ein Wochenendseminar besucht hatte und von unglaublich positiven und lebensbejahenden Menschen umgeben gewesen war, in meinen Alltag zurückkam, fiel es mir wie Schuppen von den Augen. Ich war nur von negativen Einflüssen umgeben. Meine Branche brachte das zwar von Natur aus mit sich, doch es war mir lange Zeit nicht aufgefallen, wie sehr das Negative auf alle um mich herum und natürlich auch auf mich abgefärbt hatte. Sogar die Witze, die man sich gegenseitig erzählte, waren meistens von schwarzem und zynischem Humor beeinflusst. Auch das Verhalten der Menschen untereinander war von all diesen Einflüssen geprägt. Ich weiß heute nicht mehr genau wie, wann und wieso, aber irgendwann stolperte ich im Netz über eine Firma mit dem Namen Gedankentanken. Ich fand den Namen cool, die Vorstellung, man könnte Gedanken wie Benzin an einer Zapfsäule nachfüllen, fand ich erfrischend. Ich fand dann schnell heraus, dass sich das 2012 von Stefan Frädrich gegründete Start-up in der Speakerszene rasch einen Namen gemacht hatte und gewaltig schnell auf dem Vormarsch war. Ich fing also an, mir die Vorträge der Speaker auf der Gedankentanken-Bühne anzuhören und war begeistert. Da kamen so viel Positives, so viel Lebensbejahendes und so viel Verständnis und Ehrlichkeit rüber.

Ich habe ja bereits in Kapitel 4 kurz darüber gesprochen, dass für mich alles mit dem Ausfüllen einer Bewerbung bei Gedankentanken als Speaker angefangen hatte. Als ich dann den Aufnahmeprozess positiv hinter mich gebracht hatte, wusste ich, meine Zeit im Konzern und in der Sicherheitsbranche, die mich fast 15 Jahre begleitet hatte, war vorbei. Der Kreis hatte sich für mich in einer anderen Welt neu geschlossen, einer Welt, die, so schien es mir, für mich erschaffen wurde, denn rückblickend betrachtet ging danach alles sehr schnell, und 95 Prozent von allem, was danach in meinem Leben passierte, war getreu der 95/5-Formel für mich positiv.

Doch es gab noch eine Sache, die in meinem Leben nicht stimmte, und es war die aus meiner Sicht wichtigste Sache überhaupt, aber ich hatte keine Ahnung, wie ich dieses Problem lösen sollte. Wie ich bereits weiter vorne erzählt habe, hatte ich es mir mit meiner Traumfrau aus Graz verscherzt. Ich hatte mich damals wirklich egoistisch verhalten. Das Ausmaß meines Egoismus wurde mir erst mit der Zeit immer klarer. Also hatte ich bereits kurz darauf wieder versucht, Kontakt zu ihr aufzunehmen. Diesmal war es aber nicht so einfach wie beim ersten Mal. Ich spürte, dass sie noch immer verletzt und enttäuscht war und ganz besonders spürte ich, dass es an Vertrauen fehlte. Jeder Mann, der sich mit Frauen auch nur ein bisschen auskennt, weiß, Vertrauen und Sicherheit sind zwei Begriffe, die für Frauen enorm wichtig sind. Sie blockte alle meine Annäherungsversuche rigoros ab. Sie sagte, sie freue sich, dass es bei mir so gut liefe, aber das habe keinen Einfluss auf ihre Gefühle in Bezug auf uns beide. Ich war natürlich enttäuscht, aber ich ließ mich von meinem Vorhaben nicht abbringen, denn ich hatte einen Entschluss gefasst: Ich würde sie zurückgewinnen, egal wie, egal wann und ganz egal, was es mich kosten würde.

In der Folge vergingen anderthalb Jahre, in denen wir immer wieder losen Kontakt hatten, uns mal per SMS oder auf anderem Wege eine Nachricht schrieben und zum Geburtstag gratulierten. Wenn ich dann aber nach einem Treffen fragte, wich sie aus. In dieser Zeit wendete ich alle Techniken der Visualisierung an, die ich kannte und zusätzlich finden konnte. Ich holte Fotos von uns beiden hervor und ließ diese rahmen, dann stellte ich diese bei mir zu Hause auf. Eines im Wohn-/Esszimmer und eines im Schlafzimmer. Als ich kurz darauf jemanden bei mir zu Besuch hatte und er mich nach der Frau auf dem Foto fragte, sagte ich: »Das ist meine Freundin. Sie wohnt im Moment noch in Graz, da sie dort noch ihr Wirtschaftsstudium abschließen will.« Das stimmte auch. Sie wohnte tatsächlich in Graz und sie war tatsächlich damals im letzten Semester ihres Studiums. Das Einzige, was sich noch nicht materialisiert hatte, war die Aussage, dass sie meine Freundin war, doch daran arbeitete ich ja. Ich hatte schon in den vergangenen Monaten Kontakte zu Frauen, mit denen ich da und dort mal unterwegs gewesen war, abgebrochen. Für mich gab es keine anderen Optionen als meine Traumfrau aus Graz. Ich erinnerte mich dabei an eine Geschichte von einem General, die ich gelesen hatte. Er landete mit seinen Soldaten auf einer Insel, auf welcher die entscheidende Schlacht stattfinden sollte. Als sie sich der Insel näherten, konnten sie anhand der feindlichen Boote sehen, dass der Feind ihnen zahlenmäßig überlegen war. Als alle Soldaten des Generals an Land waren, ließ der General alle seine eigenen Boote sofort in Brand stecken. Seine Männer waren schockiert und wollten wissen, was das sollte. Der General schrie: »Wollt ihr hier sterben?« Die Männer schrien zurück: »Nein, das wollen wir nicht!« »Dann haben wir nur eine Möglichkeit«, sagte der General, »wir besiegen den Feind und fahren mit seinen Booten als Gewinner nach Hause.«[68]

Während die Wochen ins Land zogen und wir uns ab und zu schrieben oder Posts auf Facebook mit einem Like versahen, rief sie mich eines Abends aus dem Nichts an. Ich konnte es erst gar nicht glauben und starrte auf das Display, aber es zeigte tatsächlich ihren Namen an. So kam es, dass wir von nun an zwei- bis dreimal die Woche miteinander telefonierten. Es war inzwischen Mai geworden, und da wir beide im Mai Geburtstag hatten und unsere Geburtstage nur zwei Tage auseinander lagen, schlug ich ihr vor, dass wir doch zusammen feiern könnten, aber nicht in Graz und auch nicht bei mir, denn ich wusste ja, was sie besonders gerne tat, und zwar reisen. Ich schlug also vor, ich würde sie auf eine kleine Geburtstagsreise einladen, egal wohin. Als sie daraufhin sagte, sie würde es sich überlegen, war für mich klar, dass das die Wende war. Kurz darauf traf ich sie nach über anderthalb Jahren zum ersten Mal wieder, in Südspanien. Sie hatte noch ihre Mutter dabei, da diese wegen des Geburtstages ein paar Tage bei ihr zu Besuch war.

Als ich sie sah, traf mich wieder derselbe Blitz wie damals in Graz auf dem Markplatz, und ich spürte sofort, ich würde sie nie mehr gehen lassen. Etwas später habe ich dann herausgefunden, dass es ihr ebenso erging. Nur drei Monate danach verlobten wir uns, eine Woche nachdem sie in die Schweiz übergesiedelt war.

Man kann das natürlich damit abtun, indem man sagt: »Ja, eine schöne Geschichte. Da hat der Typ nochmal Glück gehabt.« Und das habe ich tatsächlich. Meine Frau ist das größte Glück, das mir in meinem Leben bisher widerfahren ist. Doch ich bin überzeugt, dass ich mit meinem Denken, mit meinem Visualisieren, dem Schicksal gar keine andere Möglichkeit mehr gelassen habe. Dadurch, dass ich für mich nur diese eine Option offen ließ, begann ich mich auch, meiner Traumfrau gegenüber entspannter zu verhalten. Sie bestätige mir das später auch, indem sie mir sagte, ich sei innerlich viel ruhiger und gelassener gewesen als früher, und daher wäre es mir auch möglich gewesen, ihr die entsprechende Aufmerksamkeit zu schenken. Heute ist es für mich keine Glaubensfrage mehr, ob Visualisierung funktioniert oder nicht. Ich weiß, dass es funktioniert. Wie schon erwähnt, brauchen manche Dinge mehr Zeit als andere, und genau da liegt das Problem. Wir haben oft die Geduld nicht und beginnen dann, an uns selbst und an unserem Unterfangen zu zweifeln. Wenn es eine Sache gibt, mit der man sich das Erreichen seiner Ziele verbauen kann, dann sind es Zweifel.

Also, machen Sie sich die 95/5-Formel zunutze, beeinflussen Sie Ihr Unterbewusstsein, das 95 Prozent Ihrer Tageshandlungen bestimmt. Vertrauen Sie Ihrem Instinkt, fangen Sie einfach mal damit an zu handeln, denn auch das macht 95 Prozent aus. Der Rest ergibt sich dann mit etwas Ausdauer, Fleiß und Geduld von selbst.

Zum Abschluss noch ein Tipp zur Visualisierung, denn auch das können Sie in Schritten tun.

Tipp: Visualisierung in Etappen

Manchmal ist der Weg von Ihrem ursprünglichen Ausgangspunkt zu Ihrem Ziel weit und es entsteht im Kopf ein Konflikt, weil der Sprung von hier nach dort für unser Gehirn zu groß ist. Überlegen Sie sich, in welchen Etappen Sie dieses Ziel erreichen können, und stellen Sie sich erst einmal nur vor, wie Sie ein Etappenziel erreichen. Das Erreichen von Etappenzielen gelingt in der Regel nicht nur schneller, sondern es gibt Ihnen jedes Mal wieder von neuem Vertrauen in das Visualisieren. Schon bald reihen sich einzelne Etappen aneinander, und Sie sehen sich mit großen Schritten Ihrem Ziel näherkommen.

 Die Wissenschaft kann heute sogar beweisen, dass unser Denken einen Einfluss auf unsere Gene hat. Unser Denken beeinflusst nicht nur unseren Erfolg, unser Glück, sondern auch unsere Gesundheit. Wir haben all das in unseren eigenen Händen. Das ist für mich persönlich eine der wichtigsten und schönsten Erkenntnisse, die ich in meinem Leben haben durfte. Jetzt wissen wir also, wir sind tatsächlich unseres eigenen Schicksals Schmied. Zudem haben wir mit der Möglichkeit der Visualisierung ein ganz heißes Eisen im Feuer.

Kapitel 8

So programmieren wir uns dauerhaft um: 95 Prozent richtige Methode, 5 Prozent Anwendung

Vertrauen ist der Anfang von allem. Mit diesem Slogan hat vor Jahren mal eine Bank Werbung gemacht, und obwohl ich mit dieser Bank nie in geschäftlichem Kontakt war, fand ich den Slogan gut. Vielleicht ist er mir deshalb plötzlich durch den Kopf geschossen, denn je mehr ich mich mit mir selbst, der Funktion meines Gehirns, meinen Genen und meinem Denken auseinandergesetzt habe, desto mehr kam ich zu der Erkenntnis, dass wir Menschen lange Zeit viele Dinge instinktiv richtig gemacht haben. Ich betone hier »haben«, denn wir sind zu sehr dazu übergegangen, alles zu analysieren und rational zu bewerten, was immer rational für den Einzelnen bedeuten mag. Wir treffen keine Entscheidungen mehr aus dem Bauch heraus, wir vertrauen unseren Gefühlen nicht mehr. Wir setzen uns lieber hin und analysieren, nach Systemen und Mustern, die, so hat man uns gesagt, in den meisten Fällen zu den besten Entscheidungen führen. Ich bin selbst auch jemand, der ZDF mag, und damit meine ich nicht den TV-Sender, sondern Zahlen-Daten-Fakten. Sie können tatsächlich helfen, eine Situation zu beurteilen und eine Entscheidungsfindung herbeizuführen. Doch die ZDF-Argumente haben einen enorm hohen Stellenwert bekommen in unserer Gesellschaft und Bauchentscheidungen werden als schwach oder gar unüberlegt abgetan.

Doch wieso vertrauen wir so wenig auf unsere Intuition und so sehr auf Zahlen und Fakten? Zumal sich ganz besonders in der

Zeit von Fake News damit argumentieren lässt, dass viele Zahlen und Fakten Meinungen von Interessengruppen sind, die wir inzwischen als Fakten etabliert haben. Wenn bekannte Nachrichtensender immer und immer wieder über eine Situation berichten und diese auf eine bestimmte Weise darstellen, dann übernehmen wir das schon bald als Fakt. Dass sich hinter dieser Darstellung meistens aber auch wieder Interessen verbergen, ist inzwischen auch ein Fakt. Es stellt sich also die Frage, was ist denn nun wirklich Fakt und was wird einfach nur als solcher dargestellt? All diese Dinge analysieren wir mit unserem bewussten Verstand, der, wie wir im zweiten Kapitel schon festgestellt haben, pro Sekunde nicht mehr als 50 Sinneseindrücke verarbeiten kann. Entscheidungen, die wir mit unserem Bauch treffen, kommen meist aus dem Unterbewusstsein, das bis zu 11 Millionen Sinneseindrücke pro Sekunde verarbeiten kann. Wieso trauen wir dann unserem Unterbewusstsein so wenig und unserem Bewusstsein so viel zu?

Auch die Geschichte gibt uns diesbezüglich sehr interessante Hinweise darauf, wie lange wir schon instinktiv wussten, nicht nur, was gut für uns ist, sondern auch, wie wir als Menschen funktionieren. Nehmen wir Buddha als Beispiel, der vor rund 2500 Jahren lebte und von dem folgendes Zitat überliefert wurde: »Du bist das Resultat dessen, was du immer wieder gedacht hast.« Marcus Aurelius, der im Jahre 180 nach Christus verstarb, sagte: »Das Glück deines Lebens hängt von der Beschaffenheit deiner Gedanken ab.« Beide hatten sie recht, das beweist uns heute die moderne Neurowissenschaft. Für mich sind diese Zitate daher so erwähnenswert, weil sie dem wissenschaftlichen Beweis um 2500 Jahre zuvorgekommen sind. Lange Zeit jedoch galt nicht unser Gehirn als das wichtigste Organ im Körper, sondern unser Herz. Heute wissen wir, dass unser Herz ohne unser Gehirn nicht ein einziges Mal schlagen würde.

Ausgrabungen im alten Ägypten haben ein Papyrus zum Vorschein gebracht, das auf ca. 1500 vor Christus datiert wurde. Es gilt als das älteste medizinische Dokument der Menschheitsgeschichte und sein Inhalt war auf dem neuesten Stand der damaligen »Wissenschaft«. Dieses Dokument ging davon aus, dass unser Herz der Sitz der Seele und aller geistigen Fähigkeiten ist[69]. Diese Meinung herrschte noch mehr als 1000 Jahre, bis der heute als berühmtester Arzt des Altertums angesehene Hippokrates von Kos dem Gehirn die richtige Bedeutung zuwies und es als Zentrum für unsere geistigen Fähigkeiten beschrieb. Es war übrigens auch Hippokrates von Kos, der die Handlungen von Ärzten damals zu ersten Mal über priesterliche Worte stellte. Auch wenn wir uns das heute fast nicht mehr vorstellen können, war man damals der Meinung, die Worte eines Priesters könnten Kranken und Verletzten besser helfen als die Eingriffe eines Arztes.

Es gab sogar Zeiten, in denen wurde das Gehirn als eine Art Kühlorgan beschrieben. Diese Bezeichnung für unser Gehirn kam von keinem Geringeren als Aristoteles selbst, der seinerseits ein Schüler von Platon war. Seit Menschengedenken gibt uns unser Gehirn also Rätsel auf. Auch wenn wir in den letzten Jahrzehnten viel darüber gelernt haben, so kratzen wir in manchen Dingen noch immer an der Oberfläche. Auch wenn Wissenschaftler weltweit daran arbeiten, den Gehirncode zu knacken, so haben wir keine Ahnung, was uns die Erkenntnisse des Codes tatsächlich vermitteln würden. Als man sich 1990 aufmachte, den Gen-Code zu knacken, war man überzeugt, dass man danach alle Antworten vorfinden würde, auf die man so lange gewartet hatte, doch es kam ganz anders. Natürlich wissen wir jetzt viel mehr, aber ganz besonders wissen wir, dass wir noch längst nicht alles wissen. Wenn ich mir die 3 Milliarden lange Gensequenz anschaue, von denen wir jeden Buchstaben kennen und sogar ausgedruckt haben, und daneben unser Gehirn sehe, das als das komplexeste uns bekannte Gebilde im gesamten Universum gilt, dann bin ich mir nicht so sicher, ob ein weiterer Code so viele Fragen beantworten würde, wie wir uns erhoffen. Und damit kehren wir zurück zu meiner Einleitung des Schlusskapitels: Vertrauen ist der Anfang von allem. Wir müssen nicht immer alles wissen und beweisen können, um es umzusetzen. Buddha und Marcus Aurelius haben das eindrücklich aufgezeigt mit ihren Zitaten, die der Forschung 2000 und 2500 Jahre voraus waren.

Für viele von Ihnen waren vielleicht der Film oder das Buch *The Secret* der Einstieg in das Thema Persönlichkeitsentwicklung. In dem Film, der bereits ein Jahr nach dem Buch 2007 erschien, wurden Dinge wie Visualisierung, positives Denken oder das Gesetz der Anziehung (law of attraction) zum ersten Mal einem breiten Publikum vorgestellt. Auch 2006 waren viele Dinge, die in *The Secret* erzählt wurden, wissenschaftlich noch nicht belegt, und trotzdem funktionierten sie. Das zeigte nicht nur der Film, sondern auch das mediale Echo, das dieser auslöste. Er erregte weltweites Aufsehen und viele der darin vorkommenden Personen haben enorm von diesem Film und natürlich dem Buch profitiert und wurden in der Branche der Persönlichkeitsentwicklung zu richtigen Stars. Von den einen wurde *The Secret* als revolutionär gefeiert, von den anderen als Scharlatanerie abgetan. Bei näherer Betrachtung aber lagen beide Seiten falsch. Die Forschung hat in den letzten 15 Jahren viele Behauptungen aus The Secret unterstützt und immer mehr anerkannte Wissenschaftler finden in neurowissenschaftlichen Studien Beweise für viele Aussagen des Films, im Bezug darauf, wie unser Denken unser Leben formt und gestaltet[70]. Wie Sie wissen, bin ich selbst auch aus eigenen Erfahrungen absolut davon überzeugt, dass dem so ist. Allerdings sind die Aussagen des Buchs bei genauerer Betrachtung doch nicht ganz so revolutionär, wie es auf den ersten Blick scheint.

Das Buch *The Secret* basiert zum großen Teil auf dem Buch *The Master Key System* von Charles Haanel. Haanel hat in diesem Buch bereits das Gesetz der Anziehung, also das bewusste Denken und Lenken von Gedanken, beschrieben und erklärt, dass Positives wiederum Positives anziehen würde. Auch über die Visualisierung, die Erschaffung von Realitäten im Kopf, bevor sich diese im

Leben materialisiert haben, sprach Haanel ausführlich in seinem Buch. Das Buch war so konzipiert, dass es in 24 Wochenlektionen aufgeteilt war. Sie werden sich jetzt sicher fragen, was an all dem so speziell gewesen sein soll. Nun, das kann ich Ihnen gerne verraten. Haanel wurde 1866 geboren und schrieb das Buch im Jahre 1912, zu einer Zeit, in der wir aus neurowissenschaftlicher Sicht nicht wirklich viel über all das wussten. Haanel war ein erfolgreicher Geschäftsmann und leitete seine Ansätze aus seinen eigenen Erfahrungen ab. Auch das weltweit bekannte Buch von Napoleon Hill mit dem verheißungsvollen Titel *Denke nach und werde reich* schlägt in die gleiche Kerbe. Fakt aber ist, dass das Buch *The Secret* ganz stark auf Haanels 1912 erschienenem Buch *The Master Key System* basiert. In *The Secret* wird bereits im Vorwort darauf verwiesen, dass diese Erkenntnisse seit langer Zeit einigen wenigen Personen bekannt waren. Unter anderen werden Albert Einstein, Beethoven oder gar Edison genannt[71].

Zu Edison gibt es tatsächlich eine sehr interessante Geschichte bezüglich der von mir schon mehrfach erwähnten Einschlaftechnik. Edison hat ja nicht nur die Glühbirne und das Grammophon erfunden, er gilt als der genialste Erfinder, der je gelebt hat, und er hat insgesamt über 1000 Patente für Erfindungen angemeldet. Edison wusste bereits vor über 100 Jahren, welche gewaltige Macht das Unterbewusstsein eines Menschen haben kann, und er fand heraus, dass er die besten Ideen für seine Erfindungen oder das Lösen eines Problems hatte, wenn er sich die Momente zwischen Wachsein und Einschlafen zunutze machte. Er setzte sich also auf einen Schaukelstuhl, in der rechten Hand hielt er eine Kugel und begann zu schaukeln. Sollte er einschlafen, würde die Kugel aus seiner Hand auf den Boden fallen und das Geräusch würde ihn wieder aufwecken. Mit der Zeit hatte er seine Technik so weit perfektioniert, dass er spürte, wenn die Kugel aus der Hand zu fallen drohte, sodass er die Hand wieder schloss. So konnte er lange Zeit in einem Zustand zwischen Wachen und Schlafen zubringen, der ihm gemäß eigener Aussage die besten Ideen und Lösungen bescherte[72].

Heute kennen wir dank EEG-Messungen (Elektroenzephalografie) unsere Gehirnwellen und können die verschiedenen Bereiche einer Eigenschaft zuordnen. Die tiefen Delta-Wellen, die wir während des Schlafens erleben, die darauffolgenden Theta-Wellen, in denen wir uns zwischen Schlaf -und Wachzustand befinden (was Edison im Schaukelstuhl simulierte), die Alpha-Wellen, die für einen sehr entspannten Zustand stehen und dann die im Alltag erlebten Beta- und Gamma-Wellen. Wir wissen heute, dass die in Momenten zwischen unseren Wach- und Schlafzuständen erzeugten Theta-Wellen uns direkten Zugang zu unserem mächtigen Unterbewusstsein geben. Wie ich schon beschrieben habe, befinden sich in unserem Unterbewusstsein unglaublich viele Informationen, die wir über die Jahre abgespeichert haben. Thomas Edison machte sich also genau das schon vor mehr als 100 Jahren zunutze.

Edison vertraute seiner Intuition wie viele andere auch. Doch mit dem Einzug der Technologie in unser Leben haben wir das Vertrauen in uns verloren und zugunsten der Technologie eingetauscht. Aber warum haben wir das getan? Zumal wir wissen, dass man sich auf die Technologie auch nicht immer verlassen kann. Die Erklärung dazu ist aus meiner Sicht sehr einfach. Technologie ist anerkannt und in der Regel verlässlich. In den allermeisten Bereichen in unserem Leben kommen wir ja gar nicht mehr ohne Technologie aus. Wenn wir nun also für unser Privatleben oder in unserem Job Entscheidungen treffen und diese Entscheidungen stellen sich als falsch heraus, so fällt es leicht, auf das System, beziehungsweise die Technologie dahinter zu verweisen. Der Fehler liegt dann nicht bei uns, sondern beim System und der damit verbundenen Technologie. Das macht Scheitern viel einfacher, aber auch fataler, denn wir verlieren die Eigenschaft, echte Verantwortung zu übernehmen. Für unser Gehirn ist es eine angenehme Sache, die Entscheidung einem System zu überlassen, denn dadurch lässt sich ein Konflikt vermeiden, dem wir uns immer wieder ausgesetzt sehen. Stellen wir uns vor, wir sind im Kleidergeschäft und dort gibt es von einem Hersteller eine richtig coole Winterjacke, die richtig edel und teuer aussieht, es aber nicht wirklich ist. Daneben finden wir die klassische Variante, zwar teurer, aber mit guter Qualität. Wofür entscheiden wir uns? In unserem Gehirn entsteht ein Konflikt, zwischen dem Bereich, der Kosten und Nutzen bewertet und dem Bereich, der unsere Entscheidungen einem Wertesystem unterzieht. Der Kosten-Nutzen-Bereich spricht ganz klar für die deutlich günstigere und coolere Jacke, das Wertesystem sagt aber, dass wir die klassische Variante nehmen sollen, da wir da sichergehen können, dass keine Billigarbeitskräfte an der Produktion beteiligt waren. Der Bereich Kosten-Nutzen kontert und sagt: »Mit dem restlichen Geld kaufst du dir noch ein paar Handschuhe!«

Wir können uns so oder so entscheiden, wir werden nie wirklich zufrieden sein. Wenn aber jemand eine App entwickeln würde, in die wir alle Fakten eingeben könnten, und wenn diese App uns dann sagen würde, dass wir die coolere Jacke nehmen sollten, würden wir ohne lange zu überlegen zugreifen. Der Konflikt entsteht nicht mehr, da wir das Gefühl haben, wir hätten gar keine Entscheidungsgewalt, sondern die Technik hätte im bestmöglichen Interesse für uns alle entschieden. Auch hier würden wir der Technik mehr vertrauen als uns selbst, aber nicht, weil wir wirklich überzeugt sind, die Technik wisse es besser als wir, sondern weil es einfacher ist. So geben wir einfach nur die Verantwortung an andere ab. Aber eigentlich wissen wir auch, dass wir so nicht glücklicher werden. Eher das Gegenteil ist der Fall. Nach ein paar Monaten gehen die ersten Nähte an der coolen Jacke bereits auf und einen Knopf haben wir auch schon verloren. Der Kragen ist etwas schwarz geworden und die Jacke sieht nicht mehr so cool aus. Es stellt sich nun heraus, was wir eigentlich schon lange wussten: Es war die falsche Entscheidung.

Ich persönlich bin ein großer Fan von allen möglichen technischen Errungenschaften. Ich bin sogar der Meinung, der Mensch hat eine Verpflichtung, sich technologisch permanent weiterzuentwickeln.

Wir haben insbesondere in den letzten 50 Jahren bahnbrechende Erfindungen gemacht, die uns auch als Menschheit weit vorangebracht haben. Doch wir können nicht weiter unsere Verantwortungen abschieben. Als Beispiel sei hier der Zustand unseres Planeten genannt, für den, wenn Sie mal eine Umfrage starten, sich niemand wirklich verantwortlich fühlt. Alle wollen eine Veränderung, aber keiner will sich verändern. Warum wir uns mit Veränderungen so schwer tun, haben wir ja bereits besprochen. Unser Gehirn will uns vor einer unsicheren Zukunft schützen und vielleicht liegt ja genau hier eines der großen Missverständnisse in Bezug auf unser Gehirn. Es ist nicht da, um uns glücklich zu machen, sondern seine Hauptaufgabe ist es, unser Überleben zu sichern. Dass wir glücklich werden, ist eine Aufgabe, die wir unserem Gehirn antrainieren müssen. Aber machen Sie sich keine Sorgen, Ihr Gehirn ist das komplexeste und leistungsfähigste Gebilde im gesamten uns bekannten Universum, also wird es das schon schaffen. Die Frage ist nur, ob wir bereit sind für ein neues Denken, und da bin ich mir bei vielen Menschen nicht so sicher.

Eines der größten Probleme, das mir immer wieder begegnet und das ich auch aus eigener Erfahrung kenne, ist der Rückfall in alte Denkmuster. Ein neues Muster zu erkennen, es dann zu erlernen und dann auch noch dauerhaft zu etablieren, das sind drei Schritte. Ich mache im Gespräch mit anderen Menschen immer wieder eine für mich interessante Entdeckung. Wenn ich gewisse Abläufe im Leben erkläre und diese egal ob mit der Hirnforschung oder der Epigenetik untermauere, sagen die Menschen oft: »Ja, ja, das verstehe ich schon, aber…«

Das Wort »aber« hat sich in unserem Sprachgebrauch als Trennungswort in einem Satz etabliert. Wir benutzen es immer, wenn wir etwas gesagt haben, das wir so nicht sagen wollen. Verwenden wir dann das Wort »aber« als Trennungswort, können wir damit alles, was wir vorher gesagt haben, auslöschen, ohne dass wir es wirklich auslöschen. Ein Beispiel: »Ich bin mit dem, was du gesagt hast, einverstanden, aber dass ich dir nie zuhören würde, das stimmt nicht.« Was sagen wir damit? Wir sagen damit nichts anderes als: »Ich bin nicht einverstanden!« Wir wollen das aber so nicht ausdrücken, da es zu einem Konflikt führen kann, und den wollen wir vermeiden. Genauer gesagt, unser Gehirn will den Konflikt vermeiden, denn es versucht grundsätzlich, alle Konflikte zu vermeiden. Vielleicht hilft es Ihnen, wenn Sie wissen, dass es nicht Ihre Schuld ist, sondern die Ihres Gehirns. Aber, und hier benutze ich das Wort am Satzanfang und nicht als Trennung, das Aber-Wort verhindert den Konflikt nicht wirklich. Es ermöglicht uns nur eine Ausflucht. Wenn nämlich unser Gegenüber sagt: »So, du bist nicht einverstanden«, können wir sagen: »Doch bin ich, habe ich ja gesagt, aber…«. Wir alle kennen solche Diskussionen, die selten etwas bringen. Doch warum führen wir sie dann immer wieder, obwohl wir bereits wissen, dass sie uns nicht weiterbringen werden? Auch hier lautet die Antwort wieder: weil unser Gehirn so programmiert ist. Es ist ein uralter Überlebensmechanismus, den wir so heute nicht mehr brauchen.

»Ich visualisiere ja, aber…« »Ich denke ja immer wieder positiv, aber …« Überlegen Sie mal, wann und wo Sie das Aber-Wort verwenden. Beobachten Sie sich selbst und Sie werden es überall immer wieder finden. Es gibt noch andere solcher Wörter, wie Sie schon bald selber herausfinden werden. Daher erwähne ich diese gar nicht. Dass ich das Aber-Wort anspreche, hat allerdings einen guten Grund. Denn wenn wir uns der Systematik bei der Verwendung dieses Wortes nicht bewusst sind, dann kann es sein, dass weder die 95/5-Formel noch sonst eine Formel noch der beste und teuerste Ratschlag Ihnen weiterhelfen werden im Leben.

Wenn ich Ihnen sage, dass das Unterbewusstsein 95 Prozent unserer täglichen Handlungen beeinflusst und das Bewusstsein nur 5 Prozent, und wenn Sie darauf antworten »Ja, ja, aber…«, dann sind 95 Prozent Ihrer Möglichkeiten soeben von Ihnen selbst zerstört worden.

Wenn ich sage, dass einfach mal zu handeln 95 Prozent des Erfolges ausmacht und Sie dann sagen »Ja, ja, aber…«, dann sind 95 Prozent Ihrer Möglichkeiten ebenso von Ihnen zunichte gemacht worden.

Da dieses »Ja, ja, aber…« so tief und fest in uns drin steckt, torpedieren wir uns immer wieder selbst in unserem Leben. Entscheiden Sie sich heute, hier und jetzt, das in Zukunft nicht mehr zu tun. Eignen Sie sich diesbezüglich ein neues Verhalten an, dann werden die Situationen, in denen Sie 95 Prozent mehr Potenzial ausschöpfen können, immer häufiger, und alles um Sie herum wird plötzlich zusehends konkreter, fassbarer und realer. Wenden Sie die Einschlaftechnik an, stellen Sie dem Unterbewusstsein Fragen. Bitten Sie das Unterbewusstsein, Ihnen zu helfen. Meditieren Sie. Finden Sie heraus, was für Sie funktioniert, damit Sie das »Ja, ja, aber…« aus Ihrem Leben verdrängen können. Ich weiß aus eigener Erfahrung, welch gewaltigen Unterschied es ausmachen kann, wie Ihnen die folgenden Zeilen zeigen werden.

Was das Leben ist, ist Ihre Entscheidung

Die Sonne schien herrlich und spiegelte sich im Wasser des Sees. Er schien türkisfarben und die leichten Wellen auf der Seeoberfläche funkelten wie Diamantenarmbänder im Sonnenlicht. Auf den Bergen dahinter lag auf den Viertausendern der erste Schnee, der einen herrlichen Kontrast zum tiefblauen Himmel erzeugte. Ich stand einen Moment einfach so da und schaute weiter fasziniert auf den See hinunter. Die Aussicht war atemberaubend und ich hatte mich noch immer nicht daran gewöhnt, wie schön es an manchen Tagen war, auf diesen See und das Bergpanorama zu blicken. Die Panoramafenster, die sich über die gesamte Breite des Hauses erstreckten, waren perfekt für diese Aussicht. Egal, ob man am Esstisch saß, in der Küche oder auf dem Sofa, man hatte immer diesen herrlichen Ausblick vor Augen. Auch vor dem

Hauptschlafzimmer, das ein Stockwerk höher lag, präsentierte sich jeden Morgen dieser herrliche Ausblick. Den Sommer hatten wir genossen wie nie zuvor, ich kam mir vor wie in einem nicht enden wollenden Urlaub.

Ich drehte mich um und lief Richtung Küche. Es war an der Zeit, etwas zu kochen. Ich wollte etwas Leichtes machen, Fisch, Gemüse und ein bisschen Salat. Während ich das Gemüse schnitt, kam meine Frau die Treppe herunter.

»So, das Gästezimmer für meine Mama ist fertig«, sagte sie mit einem stolzen Lächeln auf den Lippen.

»Sehr gut«, antwortete ich, »das muss ich mir gleich anschauen.«

Ich ging mit ihr nach oben, wo die Schlaf- und Badezimmer waren.

»Wow«, sagte ich, »das sieht ja aus wie in einem Vier-Sterne-Hotel.«

»Was, nur vier Sterne?«, rief sie mit gespielter Entrüstung. »Bettwäsche und Vorhänge sind von Joop, das sind fünf Sterne!«

Ich verbesserte mich und meinte: »Ok, fünf Sterne.«

Und wir lachten beide.

Wenn ich heute zurückblicke, stelle ich fest, dass nur sieben Jahre zwischen der Zeit liegen, die ich eben beschrieben habe, und der Zeit, als ich noch nicht mit meiner Traumfrau, sondern mit meinen 45 Kilo Übergewicht frustriert in einer kleinen Dachwohnung lebte. Es war sehr viel passiert in dieser Zeit und ich hätte mir 2012 niemals vorstellen können, heute so glücklich zu sein. Meine Frau hat zu diesem Glück sicher den größten Teil beigetragen, denn sie ist meine Sonne, meine Energiequelle im Leben. Doch ich weiß auch, dass ich mich zuerst selbst entdecken musste, bevor wir zusammenfinden konnten. Diese Erkenntnis ist für mich so fundamental wichtig, dass sie die Grundlage dieses Buches bildet.

Was immer wir im Leben zu erreichen versuchen, schlussendlich ist alles davon abhängig, ob wir Glück und Erfüllung finden. Selbst wenn wir mit dem, was wir tun, reich werden, haben wir dennoch versagt, wenn uns das Glücklichsein und die Erfüllung dabei fehlen. Lassen Sie mich das unmissverständlich und klar sagen: Wenn jemand es schafft, reich zu werden, dabei aber nicht glücklich wird, so bezeichne ich das als das ultimative Versagen. Warum? Ganz einfach, wenn Sie eine Geschäftsidee haben und auf dem Weg dahin scheitern, so ist noch nichts verloren. Sie können es erneut versuchen, auch wenn es nicht einfach ist, aber die Chancen sind nach wie vor vorhanden. Wenn Sie aber nach großen Anstrengungen und Entbehrungen Ihre finanziellen Ziele erreicht haben und dann unglücklich sind, was machen Sie jetzt? Was können Sie dann noch tun, um ein glücklicher Mensch zu werden?

95 Prozent der Menschen glauben, wenn sie reich wären, dann hätten sie keine Probleme mehr und wären rundum glücklich. Das ist, wie ich schon ausgeführt habe, einer der größten Irrtümer, dem ich selbst auch lange aufgesessen bin. Auch wenn Sie keine großen Freundschaften zu reichen Menschen pflegen, schauen Sie sich doch unter Prominenten, Schauspielern oder Musikern um. Viele von ihnen verdienen Unmengen an Geld und trotzdem leiden sie unter Depressionen, sind Alkoholiker oder von anderen Drogen abhängig, und ihre Ehen gehen reihenweise in die Brüche. Von Glück oder gar Erfüllung keine Spur.

Ich habe nicht nur bei mir selbst, sondern bei sehr vielen erfolgreichen und glücklichen Menschen, die ich in den letzten Jahren in meiner neuen Welt kennenlernen durfte, festgestellt, dass praktisch alle von ihnen die Suche nach dem, was sie glücklich macht, vor die finanziellen Interessen gestellt haben. Interessanterweise ist bei praktisch allen diesen Menschen der finanzielle Erfolg im Sog des Glücks automatisch entstanden. Das bedeutet natürlich nicht, dass man nur glücklich sein muss und dann fliegt einem das Geld um die Ohren, sondern es geht um die Systematik, Glück höher zu bewerten als den reinen finanziellen Erfolg. Für den finanziellen Erfolg muss man natürlich genauso zielstrebig und kontinuierlich arbeiten, aber es fällt uns sehr viel einfacher, das zu tun, wenn wir uns glücklich fühlen mit dem, was wir tun! Dieses Glück, das uns dann innewohnt, produziert die richtigen Hormone in unserem Körper, diese wiederum sorgen für die richtigen Emotionen, und so fällt es uns dann viel einfacher, den Weg zu gehen und die vielen kleinen Schritte zu machen, auch wenn es manchmal ein paar Rückschläge sind. Das Glück, das wir unseren kleinen Erfolgen beimessen, gibt uns Kraft für die großen Schritte und für den langen Weg. Wenn wir dann nach einer Weile zurückblicken und all die kleinen Erfolge addieren, entsteht daraus plötzlich das ganze Große, auf das wir hingearbeitet haben. Ich betone es nochmals: Das Glück ist nicht da draußen. Das Einzige, was da draußen ist, sind die vielen Ablenkungen, die uns immer wieder vom eingeschlagenen Weg abbringen. Alles, was uns glücklich macht, was uns erfolgreich macht und die Erfüllung bringt, das beginnt immer und ausschließlich nur in uns selbst. In unserem Denken müssen wir das Samenkorn für alles, was wir aus unserem Leben erreichen wollen, pflanzen und dann wachsen lassen. Dazu haben wir jeden Tag Tausende von Chancen, produzieren wir jeden Tag bis zu 60 000 Gedanken. An den Chancen kann es also nicht liegen, davon gibt es genug. Was den großen Unterschied ausmacht, wissen Sie ja inzwischen. Ja genau, richtiges Denken!

Wie wir unsere Vergangenheit verändern können

Ich erlebe immer wieder Menschen, die erzählen mir davon, was sie in ihrer Vergangenheit alles durchlebt haben, und tatsächlich gibt es immer wieder Geschichten, bei denen man zweimal schlucken muss, wenn man hört, was eine Person alles über sich ergehen lassen musste. Einige sind so tief in ihrer Vergangenheit begraben, dass, egal wie viel Gutes in ihrem Leben passiert, sie sich daran gar nicht mehr erfreuen können oder der Meinung sind, das sei nur vorübergehend. Sie warten geradezu darauf, dass etwas Schlechtes passiert, nur um sich bestätigt zu fühlen. Wir wissen ja nun, dass da, wo unsere Gedanken sind, auch unsere Energie ist, und wenn wir nur an das Schlechte denken... nun, ich bin überzeugt, Sie wissen, worauf ich hinauswill.

Menschen, die sich in solchen negativen Situationen befinden und dort nicht herauskommen, rate ich dann immer, ihre Vergangenheit zu ändern. Jetzt können Sie sich vorstellen, was für Blicke ich mit diesem Vorschlag ernte! Wie bitte, die Vergangenheit ändern, wie soll das denn möglich sein? Es gibt auch Menschen, die fragen gar nicht erst, sondern halten mich direkt für verrückt. Sie haben jetzt einige Seiten in meinem Buch gelesen, entscheiden Sie selbst, für wie verrückt Sie mich halten.

Definieren wir doch erst mal das Wort Vergangenheit. Wenn Sie einverstanden sind, lautet unsere Definition: Vergangenheit ist eine Aneinanderreihung von Ereignissen, die zeitlich zurückliegen. Dies ist nämlich auch die gängige Definition des Wortes, wie wir sie in gesellschaftlich akzeptierten Nachschlagewerken finden. Als Nächstes lassen Sie uns mal definieren, wo unsere Vergangenheit heute noch stattfindet, denn das tut sie immer und immer wieder, und zwar in unseren Erzählungen. Damit meine ich aber in erster Linie nicht die Schilderung der Vergangenheit einer anderen Person gegenüber, sondern die Schilderung der Geschichte uns selbst gegenüber. Die Vergangenheit findet also in unserem Kopf immer und immer wieder statt. Wir alle tun und kennen das, wir führen mehr oder weniger den ganzen Tag Selbstgespräche mit uns, nicht laut ausgesprochen, aber in unserem Kopf. Durchschnittlich vier bis Stunden am Tag sprechen wir mit uns selbst. An Tagen, an denen wir nicht arbeiten, also am Wochenende oder im Urlaub, können es auch sechs bis acht Stunden sein. Wir sprechen also mit niemandem so viel wie mit uns selbst. Diese Selbstgespräche machen einen Großteil unserer bis zu 60 000 Gedanken aus, die wir jeden Tag produzieren. Mehrere Studien dazu zeigen, dass nur rund 3 Prozent dieser Gedanken positiv und aufbauend sind, bis zu 80 Prozent dieser Gedanken und somit dieser Selbstgespräche negativer Natur sind.[73] Das hat viel mit unserer Vergangenheit zu tun, denn wir haben die Angewohnheit, dem Negativen viel mehr Aufmerksamkeit zu schenken als dem Positiven, da wir dauernd negativ beeinflusst werden. Denken Sie nur mal an die Nachrichten, die wir täglich konsumieren, egal ob im Radio, TV oder Internet. Interessanterweise finden wir auch dort die 95/5-Formel, und zwar gleich mehrfach. Untersuchungen zeigen, dass rund 95 Prozent der Informationen aus Nachrichten negativ sind und nur 5 Prozent positiv. Die Nachrichten begleiten uns den ganzen Tag, werden jede Stunde wiederholt, und am Abend schauen wir uns das ganze Ausmaß des weltweiten Desasters nochmals gemütlich zu Hause auf dem Sofa an. Ich stelle immer wieder fest, dass die erfolgreichen und glücklichen 5 Prozent der Menschen die Nachrichten mehr oder weniger egal sind, weshalb sie diese nicht konsumieren. Hier finden wir die 95/5-Formel also auch wieder. Diese erfolgreichen und selbstbestimmten Menschen lassen sich nicht von den manipulativen Berichterstattungen beeinflussen, sie bilden sich eigene Meinungen oder gehören sogar zu denen, die diese Meinungen beeinflussen, also zu den Produzenten und nicht zu den Konsumenten von Meinungen.

Aber zurück zu meinem Versuch, die Vergangenheit zu ändern. Ich kann mir vorstellen, dass Sie sich gespannt fragen, wie ich mich da wieder rausreden will. Das Gute an der Sache ist, dass ich das gar nicht muss, denn es gibt Fakten, die eindeutig für mich sprechen. Angefangen bei der Hirnforschung, denn diese hat herausgefunden, dass wir uns die Geschichten über unsere Vergangenheit sowieso immer wieder ein bisschen anders erzählen. Sie verändern sich also dauernd. Wir erinnern uns an Arno Villringer, Direktor der Abteilung Neurologie am Max-Planck-Institut für Kognitions- und Neurowissenschaften. Er hat uns in Kapitel 6 die plastische Funktion unseres Gehirns erklärt, also die Fähigkeit des Gehirns, sich immer wieder zu verändern. Unser Gehirn ist deshalb auch kein Computer, ansonsten wäre es irgendwann überholt und müsste ersetzt werden. Da es kein Computer ist, gibt es auch keine Festplatte im Gehirn, auf welcher detaillierte Daten gespeichert werden. Die wäre nämlich sonst schnell voll. Auch der Gedächtnisforscher Hans Markowitsch schlägt in die gleiche Kerbe wie Arno Villringer und ergänzt, dass wir uns unsere Erinnerung immer wieder selbst neu erschaffen, und zwar dann, wenn wir sie abrufen würden.[74] Damit hat er ganz recht, denn je nach Stimmung und Verfassung, die wir zu dem Zeitpunkt haben, erinnern wir uns an bestimmte Details oder eben nicht, weil sie nicht in unsere aktuelle Stimmung passen. Wenn Sie zu einem Zeitpunkt, wenn Sie wütend sind, über Ihren Ex sprechen, werden Ihnen bestimmt keine schönen Erlebnisse in den Sinn kommen, obwohl es die gab. Verbleiben Sie dann über die Jahre in Ihrem wütenden Zustand, der irgendwann in eine Verbitterung übergeht, so werden Sie automatisch alle Bilder, die mit schönen Erinnerungen im Zusammenhang stehen, löschen oder unbewusst mit anderen auffüllen, obwohl diese gar nicht zu diesen Geschichten dazugehören. So wie das die Frau mit dem Baby und der Teenager an der Bushaltestelle aus dem ersten Kapitel gemacht haben, als sie den Unfall mit Fahrerflucht beobachtet haben und ihr Gehirn einfach eine beliebige Farbe des Fluchtwagens ergänzt hat. Also, die Hirnforschung unterstützt mich schon mal in meiner Behauptung, dass die Vergangenheit veränderbar ist. Wir alle verändern sie nämlich permanent ein kleines bisschen und da wir uns dessen nicht bewusst sind, wissen wir das gar nicht.

Da wir jetzt wissen, dass wir etwas Derartiges tun, lassen Sie uns doch mal die Frage stellen. Warum tun wir das? Hirnforscher gehen davon aus, dass unser Gehirn so programmiert ist, damit wir uns nicht nur auf Veränderungen einstellen können, sondern auch damit wir uns die Fähigkeit des Lernens und des Weiterentwickelns erhalten. Denn unser Gehirn ist dauernd bemüht, ein möglichst schlüssiges Bild unserer Welt zu liefern. Da es die Aufgabe hat, unser Überleben zu sichern, wird alles, was nicht passt, passend gemacht. Dafür füllt das Gehirn nicht nur unbewusst Lücken auf, wie bei dem Unfall mit Fahrerflucht, sondern es rechnet auch voraus, was wir in der Zukunft zu erwarten haben. Am einfachsten ist das bei den Dingen, die wir selber tun. Stellen Sie sich vor, es ist Abend, Sie lesen im Buch *Die 95/5-Formel* und Ihr Jüngster schaltet alle paar Sekunden das Licht aus, nur ganz kurz, einen Bruchteil einer Sekunde. Er drückt ganz schnell zweimal auf den Schalter. Das stört Sie natürlich und sofort beschweren Sie sich, denn so kann ja kein Mensch lesen. Er hört aber nicht damit auf und macht weiter. Sie legen das Buch beiseite und erklären ihm, dass es für Sie so unmöglich ist, in dem Buch weiterzulesen. Nachdem er das begriffen hat und sich als nächstes Opfer die ältere Schwester sucht, setzen Sie sich wieder gemütlich in den Stuhl und lesen weiter, ohne zu wissen, dass Sie selbst genau das, was Sie Ihrem Sohn vorgeworfen haben, jeden Tag andauernd tun. Wir blinzeln nämlich jeden Tag mehr als 20 000-mal und schließen dabei jedes Mal die Augen ganz kurz. Wir bemerken das aber nicht, da die Wahrnehmung dafür jedes Mal kurz ausgeschaltet wird. John Dylan-Haynes vom Bernstein Center for Computational Neurosciences in Berlin erklärt das wie folgt: Weil das Gehirn selbst den Befehl zum Blinzeln gibt, kann es auch den kurzen Ausfall des Blickfeldes vorhersagen und somit ignorieren.[75] Das Bewusstsein wird einfach umgangen und so schließen wir die Augen Tausende Male und bekommen es nicht mal mit. Wir tadeln also unseren Sohn für etwas, das wir selbst jeden Tag tausende Male tun. Nur in der Geschichte, die wir uns erzählen, hat unser Gehirn den von uns verursachten Teil ausgeblendet und uns so die Wahrnehmung dazu gestohlen. Dies tun wir übrigens nicht nur mit dem Blinzeln. Sobald wir uns im Recht fühlen, beschweren wir uns über dieses oder jenes, und weil wir uns im Recht fühlen und unser Gehirn es vorhersagen konnte, haben wir das Gefühl, unsere Beschwerde sei vollkommen in Ordnung. Wenn sich im umgekehrten Falle jemand bei uns oder gar über uns beschwert und wir das nicht erwartet haben, kann die Beschwerde noch so berechtigt sein, wir werden sie erst mal nicht als gerecht empfinden. Erst im Nachhinein, wenn wir anfangen, das Geschehene auch von der Perspektive des anderen zu sehen, fangen wir an, Stück für Stück die Sichtweise des anderen zu verstehen, und nun ändert sich die Geschichte, die wir uns dazu erzählen. Sie sehen also, unser Gehirn tut alles, um uns das Leben so angenehm wie möglich zu machen, und damit kommen wir zu meinem Hauptanliegen, wenn ich den Menschen empfehle, ihre Vergangenheit zu ändern.

Das, was wir sind, oder glauben zu sein, ist genau die Geschichte, die wir uns jeden Tag aus der Erinnerung erzählen. Jetzt, da wir wissen, dass diese sich sowieso verändert, warum nutzen wir diese Fähigkeiten nicht und unterstützen die Natur unseres Gehirns und erzählen uns die Geschichte über uns mit anderen Bildern? Ich spreche nicht von Fantasie und Lügen, aber wenn Sie jemanden in der Vergangenheit ungerechtfertigt schwer beleidigt haben und Sie immer wieder daran denken müssen, hilft es nicht, wenn Sie das einfach zu vergessen versuchen oder es gar leugnen. Rufen Sie sich doch anstelle dieser Geschichte, in der Sie einen Fehler gemacht haben, in der Sie unfair, rüpelhaft oder geradezu bösartig zu jemandem waren, doch mal die Geschichten aus der Vergangenheit in Erinnerung, in denen Sie freundlich und zuvorkommend waren. Lernen Sie sich selbst mal wieder von einer anderen Seite kennen. Das ist eine Seite, die Sie auch besitzen und die Sie ebenso entwickeln dürfen, ja vielleicht sogar müssen. Erzählen Sie sich die Geschichten, in denen Sie gut und freundlich zu anderen waren, immer und immer wieder, und Sie werden bald feststellen, dass dies eigentlich Ihre wahre Natur ist. Seien Sie ab sofort auch freundlich und nett zu anderen, denn somit kreieren Sie augenblicklich neue positive Erinnerungen. Wenn Sie dann in Gedanken an die negative Geschichte zurückdenken, werden Sie sich plötzlich nicht mehr wiedererkennen und können nicht verstehen, was

Sie dazu gebracht hat, sich so zu verhalten, denn so sind Sie eigentlich gar nicht. Es kann sogar sein, dass sie mit einem neu gewonnenen Selbstbewusstsein sich dieser Person, die Sie damals verletzt haben, stellen und sich entschuldigen. Da Sie inzwischen wissen, dass dieses negative Verhalten nicht Ihrer Natur entspricht, wird diese Person das auch spüren und Ihnen verzeihen. Sie werden sich beide sehr über diese Entwicklung freuen und danach wird nichts mehr so sein, wie es mal war. Sollten Sie die Person später wieder treffen, so freuen Sie sich wieder beide. Sollten Sie in Situationen gelangen, welche die Erinnerung an dieses negative Erlebnis wieder aufleben lassen könnten, so wird das nicht passieren, denn unser Gehirn hat den emotionalen Moment, als Sie sich mit dieser Person wieder versöhnt haben, genutzt, um die negativen Erinnerungen zu überschreiben und wird Ihnen automatisch und augenblicklich all die positiven Dinge in diesem Zusammenhang als Erinnerung liefern, und Ihre Vergangenheit hat sich verändert.

Ich verwende exakt diese Geschichte, weil ich dies bei einer Person genauso miterleben durfte. Als ich ihr zum ersten Mal davon erzählte und vorschlug, sie solle doch einfach ihre Vergangenheit ändern, hat sie mich ausgelacht. Wenn ich sie heute treffe, lacht sie noch immer, aber sie lacht mich nicht mehr aus, sondern an. Es kann für Ihr Leben von absolut entscheidender Bedeutung sein, welche Geschichte Sie sich immer wieder über sich selbst erzählen.

Ich habe selbst auch eine bewegte Vergangenheit hinter mir, mein Leben war nicht immer einfach und geprägt von viele Schicksalsschlägen. Viele Menschen in meinem Leben habe ich sehr früh verloren, und als ich jung war, habe ich nicht verstanden, warum das Leben mir das antut. Ich habe dann auch Menschen verletzt und unfair behandelt, denn es gab Zeiten in meinem Leben, da hatte ich sogar das Gefühl, ich hätte das Recht dazu, Menschen zu verletzen, schließlich würden andere mich auch verletzen. Dies führte dazu, dass ich an einem gewissen Punkt in meinem Leben, wenn ich zurückblickte, nur noch Leid, Sorgen, Ängste, Verzweiflung und Verletzungen sah. Mein Leben präsentierte sich als eine Art Katastrophenfilm mit mir als Hauptdarsteller und schuldigem Bösewicht mittendrin. Dies war die Geschichte, die ich mir jeden Tag erzählte, und welch große Überraschung, ich fand immer wieder Bestätigungen für meine Geschichte, indem ich auf falsche Menschen traf oder anderweitig Probleme wie ein Magnet anzuziehen schien.

Vielleicht kennen Sie das auch. Es gibt Situationen im Leben, in denen man sich fragt, ob alle Probleme, die es gibt, sich darauf geeinigt haben, einem das Leben schwer zu machen. Sollten Sie sich aktuell in einer solchen Situation befinden, dann tut mir das leid. Und ich weiß auch gar nicht, wie ich es Ihnen schonend beibringen soll, aber nicht die Probleme um Sie herum sind das Problem, sondern Sie selbst sind das Problem. Als ich zum ersten Mal von einem klugen Mann mit genau dieser Aussage konfrontiert wurde, widersprach ich ihm sofort, indem ich alles aufzählte, was mir im Moment an Problemen so zu schaffen machte, dabei darauf verwies, dass praktisch alles nicht meine Schuld war und mit den Worten endete: »Und nun kommst du und sagst, es ist alles meine Schuld. Damit kreierst du für mich gerade nochmals ein neues Problem.« Und wenn man ein Problem hat und dieses Problem gar nicht will, hat man de facto schon zwei Probleme. Genau hier lag damals meine Stärke, im Erschaffen von immer wieder neuen Problemen. Ich war darin ein wahrer Meister und je mehr Probleme ich erschuf, desto mehr beschwerte mich darüber. Nun kam dieser Mann daher und wollte mir weis machen, dass alles nur meine Schuld war. Und während ich neue Probleme erschuf und es dabei versäumte, die bestehenden zu lösen, haben diese sich vermehrt wie in einem Kaninchenstall. Die Probleme wurden größer und größer und ich war immer mehr überfordert und wusste nicht mehr, was ich noch tun konnte. Es gab nur noch eines, das ich wusste, nämlich dass all dies doch nicht nur meine Schuld sein konnte. Das war alles, was ich noch wusste, und genau das war das Einzige, was nicht richtig war, denn es war alles meine Schuld.

Ich konnte das damals nicht sehen, ich stand unter permanentem Stress und meine später erlangten Erkenntnisse über Stress und ganz besonders dessen Auswirkungen auf uns habe ich ja bereits mit Ihnen geteilt. Leider wusste ich damals nicht, dass Stress dazu führt, dass mein logisches Denken eingeschränkt ist, dass mein Kurzzeitgedächtnis Probleme hat, Informationen ins Langzeitgedächtnis zu überführen und dann meine unter Stress geborenen Zellen schwach waren und mein Immunsystem somit leicht angreifbar machten. Alles das wusste ich damals nicht. Aber Sie wissen es jetzt. Also sollten Sie tatsächlich in einer solchen Situation sein, egal ob jetzt oder irgendwann in der Zukunft, machen Sie sich diese Informationen zunutze.

Als ich damit anfing, mir dieses Wissen zunutze zu machen, indem ich damit begann, es umzusetzen, dauerte es nicht lange, bis sich die ersten Erfolge bemerkbar machten, und jeder Erfolg war für mich eine Bestätigung, eine Möglichkeit, mein plastisches Gehirn mit neuen Informationen, positiven Informationen umzuschreiben. Es ist mir aber wichtig, ehrlich zu sein mit Ihnen. Dies ist keines der Bücher, in dem Sie einfach eine neue Methode anwenden, dann schlafen gehen und morgen als Millionär aufwachen. Wenn Sie das suchen würden, dann hätten Sie nicht das ganze Buch bis zu dieser Stelle durchgelesen. Es gab auch Rückschläge und manchmal kamen die, wenn ich sie gar nicht wirklich erwartet hatte. Wenn sich Ihr neues Denken bis dahin noch nicht vollständig etabliert hat, dann ist es wichtig, dass Sie in solchen Situationen ganz behutsam mit sich umgehen. Führen Sie sich die Erfolge immer und immer wieder ganz bewusst vor. Bringen Sie Verständnis auf für Ihre Fehler und haken Sie diese schnell ab. Schlafen Sie mit positiven Erlebnissen und Gedanken ein, erfreuen Sie sich daran, und vergleichen Sie sich nicht mit anderen, sondern mit sich selbst vor sechs oder zwölf Monaten oder gar vor zwei Jahren. Das hilft Ihrem Gehirn, die neuen neuronalen Verbindungen weiter zu stärken, und diese sind darauf programmiert, Lösungen zu erschaffen und keine Probleme.

Wenn wir schon dabei sind, ehrlich zu sein, dann lassen Sie mich noch einen weiteren Punkt ansprechen, mit dem Sie sich werden auseinandersetzen müssen, sobald Sie auf dem Weg sind, eine nachhaltige Veränderung zu vollziehen. Gewisse Menschen in Ihrem Umfeld werden sich von Ihnen verabschieden. Jetzt werden Sie vielleicht innerlich jubeln, denn es gibt bestimmt den einen oder anderen, auf den Sie gut verzichten können. Doch es werden unter Umständen nicht nur die verschwinden, sondern auch solche, die Sie liebgewonnen haben, Menschen, die Sie als Freunde bezeichnen, Menschen, mit denen Sie zur Schule gegangen sind oder mit denen Sie andere verbindende Erlebnisse hatten und deren Ausscheiden aus Ihrem Leben Sie schmerzt. Ich will nicht behaupten, dass es bei Ihnen so sein wird. Dies hängt oft auch von der Art der Veränderung ab. Aber ich habe das nicht nur bei mir festgestellt, sondern bei vielen Menschen, die ich getroffen habe und die einschneidende Veränderungen hinter sich hatten. Sie alle mussten diese schmerzhaften Erfahrungen durchleben. Bei manchen Menschen kann man sich gar nicht vorstellen, dass so etwas passieren könnte, aber es passierte. Es geht mir dabei nicht um dieses beliebte Zitat »Je erfolgreicher man wird, umso einsamer ist man« oder »it's lonely at the top«, denn das ist aus meiner Sicht Blödsinn. Wer es an die Spitze geschafft hat und dann einsam ist, der hat den finanziellen Erfolg weit vor das Glück gestellt. Hätte er es umgedreht, wäre er wahrscheinlich genauso weit oben, aber nicht allein und einsam. Es geht einfach um die Menschen, die mit Veränderung, wie so viele von uns, nicht umgehen können. Und nun verändern Sie sich plötzlich, das kann für die Betroffenen in Ihrem Umfeld sehr schwer sein.

Nehmen wir einen Schulfreund, mit dem Sie sich die letzten 15 Jahre darüber beschwert haben, wie ungerecht die Welt ist und dass so wenige so viel haben und so viele so wenig. Doch jetzt haben Sie plötzlich die Sinnlosigkeit des sich Beschwerens eingesehen und sind von jemandem, der nur bewertet hat, zu jemandem gewachsen, der verwertet. Das ist für Ihren Schulfreund nicht einfach zu verstehen. Sie werden dann vielleicht noch versuchen, ihn von dem, was Sie tun, zu überzeugen, aber das geht meistens schief. Die Angst vor den Veränderungen ist bei Ihrem Schulfreund groß und der Stress hat sein Gehirn schon erreicht und verseucht. Ich habe bei meiner Veränderung auch ein paar Menschen verloren, die ich noch heute vermisse. Daran führt manchmal kein Weg vorbei und da helfen auch alle Techniken meiner 95/5-Formel nichts. Ich habe für mich einfach beschlossen, dass diese Menschen weiterhin meine Freunde sind, auch wenn sie sich zurückgezogen haben und sich nicht mehr melden, und während ich darauf warte und vertraue, dass die wirklich wichtigen eines Tages wieder in meinem Leben auftauchen werden, lerne ich neue Menschen kennen. Menschen, die ich nie kennengelernt hätte, wenn ich mich nicht verändert hätte. Unter diesen Menschen finden sich auch mehr oder weniger wertvolle, aber einige von ihnen sind zu einer echten Bereicherung in meinem Leben geworden, und dafür bin ich dankbar.

Vor Kurzem hat mich jemand gefragt: »Und, wenn du jetzt so zurückblickst, wie siehst du dein Leben, deine Vergangenheit?« Ich konnte ganz spontan antworten: »Ich bin ein Glückskind.« Ich bin mit so viel Gutem gesegnet und ich werde das alles nie als selbstverständlich betrachten. Ja, in meiner Vergangenheit gab es schwere Zeiten, Schicksalsschläge und Missgriffe. Heute, da ich mich von Berufs wegen mit vielen Menschen unterhalte, lerne ich immer wieder, dass praktisch alle Menschen solche Schicksalsschläge erlebt haben. Sie gehören zum Leben dazu und wir können ja auch nur dank dem Prinzip der Wechselwirkung Glück und Freude empfinden. Das Positive überwiegt in meinem Leben das Negative bei Weitem, also bin ich ein Glückskind, und so wird sich meine Zukunft weiter entwickeln, daran zweifle ich nicht. Werde ich mit Herausforderungen zu kämpfen haben? Aber sicher. Werde ich auch mal traurig sein oder gar wütend? Garantiert. Doch dank meiner Art zu denken, meinem Mindset, weiß ich, dass alles, was ich dazu brauche, um wieder fröhlich und glücklich zu sein, bereits in mir drin ist. Ich muss nicht zweifeln und schon gar nicht verzweifeln, und genau dieses Gefühl möchte ich Ihnen, liebe Leserin und lieber Leser, die bis zum Schluss bei mir geblieben sind, auch vermitteln.

Ich wünsche mir, dass Sie mit viel Zuversicht und Mut durch das Leben gehen, dass Sie an sich glauben und sich immer wieder bewusst werden, dass zwischen Ihnen und den Genies unserer Geschichte oder unserer Zeit nur gerade ein Unterschied von 0,4 Prozent besteht, zumindest, was die Genetik des Gehirns anbelangt. Also, was immer es ist, das Sie tun möchten, denken Sie nach, legen Sie los, und beginnen Sie mit der Umsetzung. Werden Sie dabei glücklich und wenn Sie mögen, auch reich. Ich gönne es Ihnen und traue Ihnen zu, dass Sie es schaffen, ohne Sie zu kennen. Denn, wenn Sie die 95/5-Formel auch nur gelehrt haben sollte, dass der Unterschied zwischen den erfolgreichen und den nicht erfolgreichen, zwischen den glücklichen und unglücklichen Menschen in der Art liegt, wie diese denken, dann haben Sie 95 Prozent des Prinzips verstanden. Somit haben Sie die besten Chancen, zu den 5 Prozent zu gehören, die ihr Leben glücklich, erfolgreich und erfüllt verbringen dürfen. Und das wünsche ich Ihnen von ganzem Herzen!

Sollten wir uns irgendwo mal über den Weg laufen, bitte sprechen Sie mich an und lassen Sie mich wissen, ob es für Sie funktioniert hat.

Über den Autor

Simon Hofer ist Unternehmer, Keynote-Speaker und Erfolgstrainer. Bereits in seinem ersten Jahr als Speaker stand er bei GEDANKENtanken auf der Bühne und gewann den Excellence Award beim Speaker Slam. Er ist Gründer und Inhaber der Hofer Consulting Academy und Mitglied des RadioExperten Teams der DACH Länder, als Experte für Neurowissenschaften.

Anmerkungen

1 Als reich gilt, wer als Single im Jahr über 40 639 Euro oder mehr verfügt. Dauerhaft fielen bis 2015 rund 3,4 Prozent der Bevölkerung in diese Kategorie, vgl. https://www.merkur.de/politik/studie-armut-und-reichtum-in-deutschland-verfestigen-sich-zr-10492684.html

2 https://www.tagesspiegel.de/wirtschaft/50-millionen-dollar-und-mehr-5548-superreiche-leben-in-deutschland/10839008.html

3 Napoleon Hill, *Denke nach und werde reich*, Ariston Verlag, Deutsche Ausgabe, Seite 123; Earl Nightingale, *The Strangest Secret*, Merchant Books

4 Vgl. https://www.welt.de/geschichte/article126565518/Arm-und-Reich-trennen-sich-seit-der-Bronzezeit.html; Harald Meller, Landesarchäologie Sachsen-Anhalt

5 https://www.aargauerzeitung.ch/schweiz/21-prozent-besitzen-so-viel-wie-97-9-willkommen-im-ungleichheitsland-schweiz-130857310

6 https://www.nzz.ch/wirtschaft/wirtschaftspolitik/einkommensverteilung-ch-ld.105599

7 Dr. Bruce Lipton, *Intelligente Zellen*, Koha Verlag, aktualisierte und erweiterte deutsche Ausgabe 2015, Seite 154

8 Anil Seth, *Das Gehirn in 30 Sekunden*, Librero VerlG, deutsche Ausgabe 2018, Seite 16

9 https://www.neurologen-und-psychiater-im-netz.org/gehirn-nervensystem/entwicklung/; http://www.40hz.net/bear_kapitel2.pdf

10 Dr. Bruce Lipton, *Intelligente Zellen*, Koha Verlag, aktualisierte und erweiterte deutsche Ausgabe 2015, Seite 209

11 Ebd., Seite 154

12 Beispiele finden Sie unter: https://www.urbia.de/magazin/familienleben/erziehung/erziehung-zu-optimismus; https://fehradvice.com/blog/2014/05/13/studie-beeinflusst-die-erziehungsmethode-das-spaetere-wohlergehen-von-kindern/; https://fehradvice.com/blog/2013/11/21/fruehkindliche-bildung-geduld-ist-gut-vertrauen-ist-besser/

13 https://www.praxisvita.de/rote-beeren-fuer-den-kopf-13652.html

14 Dr. Joseph Murphy, *Die Macht Ihres Unterbewusstseins*, Ariston Verlag, deutsche Ausgabe, Seite 59 ff.

15 Dr. Bruce Lipton, *Intelligente Zellen*, Koha Verlag, aktualisierte und erweitere deutsche Ausgabe 2015, Seite 154

16 Dr. Joseph Murphy, *Die Macht Ihres Unterbewusstseins*, Ariston Verlag, Deutsche Ausgabe, Seite 22, 30, 51, 56 usw.

17 Institut für Neurofeedback: https://i-nfbf.com/index.php/bio-neuro-feedback/neurofeedback/gehirnwellen; https://de.wikipedia.org/wiki/Elektroenzephalografie

18 https://www.gesundheitsinformation.de/was-ist-normaler-schlaf.2180.de.html; https://www.schlafonaut.de/schlaflexikon/schlaf-phasen/#REM-Phase

19 https://austria-forum.org/af/Sparkling_Science/Aufsatzsammlung/Bewusstseinsforschung

20 Grof, Stanislav: *Impossible. Wenn Unglaubliches passiert.* 2. Auflage, Kösel, 2009; Arntz, William; Chasse, Betsy; Vicente, Mark: Bleep. VAK Verlags GmbH, Kirchzarten bei Freiburg 2006

21 Über die Fett-Mythen klärt auch der US-Autor, Arzt und Professor für Pädiatrie, Aaron Carroll, in seinem neuen Buch *The Bad Food Bible* auf. Er schreibt: »Wenn es etwas gibt, das wir über Fett wissen, dann, dass Fettverzehr keine Gewichtszunahme bewirkt. Ganz im Gegenteil, es kann sogar dabei helfen, ein paar Kilos loszuwerden«, vgl. https://www.fitbook.de/health/warum-fett-nicht-dick-macht

22 Die Studie untersuchte die Gewohnheiten von 96 Personen über einen Zeitraum von 12 Wochen. Jede Person wählte eine neue Gewohnheit für die 12 Wochen aus und berichtete jeden Tag, ob sie das Verhalten taten oder nicht taten und wie automatisch sich das Verhalten anfühlte. Im Durchschnitt dauert es mehr als zwei Monate, bevor ein neues Verhalten automatisch wird. 66 Tage, um genau zu sein. Und wie lange es dauert, eine neue Gewohnheit zu bilden, kann je nach Verhalten von Mensch zu Mensch und von den Umständen stark variieren. In Lally's Studie dauerte es überall zwischen 18 und 254 Tage für die Menschen, um eine neue Gewohnheit zu bilden, vgl. https://online-gesundheitstraining.de/2016/11/wie-lange-dauert-es-tatsaechlich-um-eine-neue-gewohnheit-zu-etablieren-1701/

23 https://www.mindvalley.com/superbrain/?utm_source=google

24 https://www.zeit.de/wissen/2014-04/drogen-therapie-entzug-substitution

25 https://www.brandstaetterverlag.com/veranstaltung/2019-06/preisverleihung-goldenes-buch-fuer-frau-dr-manuela-macedonia

26 Dr. Manuela Macedonia, *Beweg dich und dein Gehirn sagt Danke - Wie wir schlauer werden, besser denken und uns vor Demenz schützen*, Brandstätter Verlag, 2018

27 https://arbeitsblaetter-news.stangl-taller.at/energieverbrauch-des-gehirns/

28 https://www.nytimes.com/1997/07/12/business/patent-fights-aplenty-for-mri-pioneer.html

29 https://www.mevis.fraunhofer.de/de/press-and-scicom/press-release/the-glowing-brain.html

30 https://www.mevis.fraunhofer.de/de/press-and-scicom/press-release/the-glowing-brain.html; https://sciencev2.orf.at/stories/1768537/index.html; https://www.derstandard.at/story/2000033458073/nobelpreistraeger-suedhof-weniger-als-fuenf-prozent-des-gehirns

31 https://www.spektrum.de/frage/nutzen-wir-wirklich-nur-zehn-prozent-unseres-gehirns/1343481

32 https://www.scinexx.de/news/biowissen/gehirn-erneuert-sich-bis-ins-hohe-alter/

33 https://www.deutschlandfunk.de/lernen-in-bewegung.1180.de.html?dram:article_id=184975

34 https://www.deutschlandfunkkultur.de/albert-einstein-der-pietaetlose-gehirn-klau.976.de.html?dram:article_id=337947

35 https://www.inc.com/magazine/20071201/entrepreneur-of-the-year-elon-musk_pagen_3.html

36 https://www.sec.gov/Archives/edgar/data/1103415/000091205702009834/a2073071z10-k405.htm#toc_dk1351_4

37 https://www.businessinsider.de/tech/wie-tesla-chef-elon-musk-sein-milliardenvermoegen-aufgebaut-hat-und-wofuer-er-es-ausgibt-2019-6/

38 https://www.biography.com/news/albert-einstein-iq

39 https://www.nobelprize.org/prizes/physics/1921/summary/

40 Die Psychologin Ilona Bürgel zählt zu den führenden Vertretern der Positiven Psychologie im deutschsprachigen Raum. Sie will aufzeigen, wie der Spagat zwischen Lust auf Leistung und Erhalt der eigenen Ressourcen gelingen kann. Nach 15 Jahren in Führungspositionen ist sie heute Referentin, Beraterin, Autorin und Kolumnistin, vgl. https://www.manager-magazin.de/lifestyle/fitness/so-funktioniert-positives-denken-a-1111916-2.html & https://tinypsychologist.de/warum-denken-wir-ueberhaupt-negativ/

41 https://pro-heraldica.de/wissenswertes/lebenserwartung/; https://de.statista.com/statistik/daten/studie/273406/umfrage/entwicklung-der-lebenserwartung-bei-geburt--in-deutschland-nach-geschlecht/

42 https://www.koerber-stiftung.de/themen/neue-lebensarbeitszeit/beitraege-2016/lebenszeit-xxl

43 Dr. Joe Dispenza, What the bleep do we know (Film)

44 http://scitechconnect.elsevier.com/stress-health-epidemic-21st-century/

45 https://www.meine-gesundheit.de/krankheit/krankheiten/stress

46 https://www.rundschau-online.de/ratgeber/verbraucher/geld/kein-happy-end-neun-lottogewinner--denen-der-jackpot-nur-unglueck-brachte-23775664

47 https://www.menshealth.de/krafttraining/krafttraining-ist-besser-als-ausdauertraining/; https://www.fitforfun.de/news/neue-studie-krafttraining-ist-besser-fuer-die-gesundheit-als-cardio-371370.html

48 Die Folge ist leider nicht mehr verfügbar. Die Aufzeichnungsfunktionen für die Mediathek stehen auf BBC leider nicht so lange zur Verfügung

49 Max Planck Institut, vgl. https://www.mpg.de/10849060/gehirn-groesse-punktmutation; https://de.wikipedia.org/wiki/Ausbreitung_des_Menschen

50 Dr. Professor Novella der Yale School Of Medicine, vgl. https://www.lebestark.ch/2019/09/02/veraendere-deine-essgewohnheiten-anhand-eines-verhaltens-tagebuch/

51 https://allanshowalter.com/2019/05/15/elton-john-calls-leonard-cohen-concert-one-of-the-best-things-ive-ever-seen-in-my-life-it-was-like-a-religious-experience-elton-leonard-duet-born-to-lose/; https://www.billboard.com/articles/news/magazine-feature/7580545/leonard-cohen-embezzlement-career-comeback

52 http://falschzitate.blogspot.com/2018/07/auch-aus-steinen-die-dir-in-den-weg.html

53 https://www.gabal-verlag.de/media/fs/28/Presseinformation_Achtsamkeit%20ganz%20praktisch_Maehrlein.pdf; https://www.bellabley.com/dr-joe-dispenza-wie-wir-die-gedanken-neu-programmieren-koennen/

54 https://www.derstandard.at/story/1378248432039/mit-seinen-aufgaben-wachsen

55 https://shapyn.de/fitness-motivation/7-michael-jordan-zitate-und-sprueche-basketball/

56 https://www.faz.net/aktuell/feuilleton/erste-zeichnung-der-dna-wird-versteigert-die-schrift-des-lebens-12140293.html; https://verlag2.faz.net/dynamic/download/crick_letter_with_text.pdf

57 https://www.t-online.de/nachrichten/panorama/buntes-kurioses/id_62927126/brief-des-dna-entdeckers-francis-crick-versteigert.html

58 https://www.spiegel.de/wissenschaft/medizin/erforschung-des-erb-guts-genau-mein-typ-a-666927.html

59 Dr. Joe Dispenza, *Du bist das Placebo*, Koha Verlag, 2014; Dr. Joe Dispenza, *Werde übernatürlich*, Koha Verlag 2017; Dr. Bruce Lipton, *Intelligente Zellen*, Koha Verlag 2015; Gregg Braden, *Human by Design*, Hay House Publishing 2017

60 https://de.wikipedia.org/wiki/Humangenomprojekt; https://www.wissensschau.de/genom/genome_und_gene.php; https://de.wikipedia.org/wiki/Gemeiner_Wasserfloh

61 https://www.spiegel.de/wissenschaft/natur/dicht-gepacktes-erbgut-wasserfloh-hat-mehr-gene-als-alle-anderen-tiere-a-743568.html

62 https://de.statista.com/themen/1468/uebergewicht-und-adipositas/

63 https://www.fitforfun.de/abnehmen/gesund-essen/gene-ist-uebergewicht-erblich_aid_10370.html

64 Etwa zwei Prozent der Menschen mit extremem Übergewicht zeigen solche Mutationen, vgl. https://www.gesundheitsforschung-bmbf.de/de/gene-die-wahren-dickmacher-1703.php

65 https://www.wissenschaft.de/umwelt-natur/training-fuer-gene/;https://www.mpg.de/11396064/epigenetik-vererbung

66 Dr. Joe Dispanze on *Impact Theory*, Interviewminuten 24 min. 59 sek.

67 Dr. Bruce Lipton, *Intelligente Zellen*, Koha Verlag aktualisierte deutsche Ausgabe 2015, Seite 53 ff.

68 Napoleon Hill, *Denke nach und werde reich*, Deutsche Ausgabe, Ariston Verlag, Seite 26 Kapitel 1

69 https://de.wikipedia.org/wiki/Papyrus_Edwin_Smith; https://de.wikipedia.org/wiki/Hippokrates_von_Kos

70 Vgl. die Werke von Dr. Bruce Lipton, Dr. Joe Dispenza, Gregg Braden

71 Rhonda Byrne, *The Secret*, Deutsche Erstausgabe 2007, Wilhelm Goldmann Verlag München. Vorwort ohne Seitenangabe

72 https://de.quora.com/Wieso-hat-Thomas-Edison-mit-Stahlkugeln-in-seinen-H%C3%A4nden-geschlafen

73 https://www.zeit.de/karriere/beruf/2015-08/positives-denken-karriere-job; https://ulrikeduke.de/die-macht-der-gedanken-3-schritte-vom-gedanken-zur-realitaet/

74 https://www.beobachter.ch/gesundheit/medizin-krankheit/erinnerungen-dabei-war-alles-ganz-anders; https://www.heise.de/newsticker/meldung/Hirnforschung-Erinnern-veraendert-Erinnerungen-2038624.html; https://www.nzz.ch/feuilleton/instabile-erinnerung-wie-das-gedaechtnis-im-dunkeln-spielt-ld.1310385

75 https://www.tagesspiegel.de/wissen/gehirnforschung-die-grosse-illusion/1840602.html

Stichwortverzeichnis

19112120233

Haben Sie Interesse an unseren Büchern?

· ·

Zum Beispiel als Geschenk für Ihre
Kundenbindungsprojekte?

Dann fordern Sie unsere attraktiven
Sonderkonditionen an.

Weitere Informationen erhalten Sie bei unserem
Vertriebsteam unter **+49 89 651285-252**

oder schreiben Sie uns per E-Mail an:
vertrieb@m-vg.de

REDLINE | VERLAG